대화에
서툰 게 아니라
감정에
서툰 겁니다

※ 이 책에 등장하는 사례는 모두 각색된 것이며,
인명은 가명을 사용하였습니다.

마음의 문이 저절로 열리는 속깊은 대화법

대화에 서툰 게 아니라 감정에 서툰 겁니다

강현식 지음

한밤의책

감정을 다스려야 대화가 풀린다

사람이 하루에 몇 개의 단어를 보고, 듣고, 말하는지 아시나요? 대략 1만 개라고 합니다. 물론 사람마다 차이는 있겠지만, 정말 어마어마한 숫자죠. 문득 이런 생각이 듭니다. 이렇게 많은 말을 보고, 듣고, 말하다 보면, 자연스럽게 말을 잘하게 되지 않을까요? 운동이나 운전도 많이 연습하면 잘하게 되니까요.

하지만 안타깝게도 그렇진 않은 것 같습니다. 심리학 공부를 하면서, 또 다양한 내담자를 만나면서 저는 이런 결론에 도달했습니다. 사람들은 생각보다 말을 정말 못합니다. 생각 없이 말하는 사람, 함부로 말하는 사람, 듣지 않고 말하는 사람…. 이렇게 마구잡이로 말하는 사람이 많다 보니, 우리는 종종 대화가 안 통해서 힘들다는 고민을 하게 됩니다.

그래서인지 요즘엔 타인과의 소통을 피하고 나만의 세계로 파고드는 사람도 많죠. SNS나 게임 속 세계로 말입니다. 하지만 우리는 그 안에서도 결국 다른 사람들과 만나고 교류합니다. 현실에서는 말수도 적고 소심하지만, 인터넷 세상에서는 활발하고 적극적인 사람도 있습니다. 다시 말해 우리는 모두 여전히 타인과의 대화를 원하고 있는 겁니다. 다만 조금 서툴 뿐이죠.

그런데 사람들이 다른 사람과의 소통에 서툰 이유는 정작 말을 잘 못해서가 아닙니다. 어떤 사람들은 말수가 적고 말주변도 좋지 않지만 다른 사람들과 갈등 없이 잘 지내는 반면, 어떤 사람들은 청산유수처럼 말하면서도 다른 사람들과 항상 부딪히고 갈등을 일으키기도 하잖아요. 어째서 이런 일이 일어날까요? 사람 사이의 소통에서 말보다 중요한 것이 있기 때문입니다. 그것은 바로 '감정'입니다. 나와 상대방의 감정을 잘 파악하지 못하고 서로가 하고 싶은 말만 하다 보니 사사건건 부딪치게 되는 겁니다.

감정이 이렇게 중요한데도, 우리는 종종 감정을 파

악하는 데 어려움을 겪습니다. 가족 혹은 연인과 말싸움 도중 감정이 격해져 눈물을 흘리면서도 정작 내가 지금 슬픈 건지, 민망한 건지, 당황스러운 건지 모르겠는 경험이 다들 한 번쯤은 있으실 겁니다. 그뿐인가요? 상대방이 갑자기 왜 짜증을 내는지, 왜 울음을 터뜨리는지 이해되지 않아 당혹스러운 경우도 많죠.

이러한 경우, 심리학자들은 '감정 인식mood monitoring'이 제대로 이뤄지지 않았다고 진단합니다. 사람들은 흔히 기쁨, 슬픔, 불안함 등의 구체적인 감정이 우리를 찾아온다고 생각하지만, 실은 그렇지 않습니다. 감정은 이름표를 달고 찾아오지 않거든요.

인간의 뇌는 생각보다 단순해서, 무언가를 경험하고 나면 오직 두 가지의 결론만 내릴 수 있습니다. 그것이 유쾌한지, 불쾌한지 말이죠. 예를 들면 연인에게 이별을 통보받았을 때, 많은 사람 앞에서 실수를 지적받았을 때, 잘못을 저지른 상대가 적반하장으로 나올 때 드는 기분은 모두 불쾌함입니다.

이러한 불쾌함이 생긴 상황과 맥락을 따져서 '슬픔', '민망', '분노' 등의 이름표를 붙여 주는 건 바로 우리의 뭇입니다. 우리는 어렸을 때부터 수많은 훈련과 연습을 통해 한순간 느껴진 유쾌함과 불쾌함을 적절히 분류하는 법과, 그에 알맞은 방식으로 말하고 행동하는 법을 몸에 익혀 왔습니다. 이 작용은 우리 자신도 눈치채지 못할 만큼 빠른 시간 동안 이루어지죠. 마치 습관처럼 굳어진 것입니다.

그런데 이렇게 감정을 인식하고 처리하는 습관에 문제가 있다면 어떻게 될까요? 만약 불쾌함을 느끼면 앞뒤 가리지 않고 무작정 화부터 내는 습관이 들었거나, 한사코 외면하려는 습관이 들었다면요? 혹은 감정을 인식하는 방식이 서로 다르다면요? 똑같이 문제점을 지적받았는데도, 한 사람은 '이런, 창피하네'라고 반응하는 반면 다른 한 사람은 '아니, 왜 나만 갖고 그래? 짜증 나게'라고 반응할 수도 있죠.

이것이 바로 우리가 갈등을 겪는 이유입니다. 우리가 감정을 인식하고 처리하는 습관은 타고난 뇌의 특성, 성장 배경, 그 밖의 수많은 요인에 따라 천차만별로 달라집니다. 이 때문에 우리는 같은 말을 들어도 서로 다르게 이해하고, 서로의 감정을 오해하는 것이지요.

이런 갈등이 일어나지 않게 하려면 나와 상대방의 감정을 세밀하게 파악하는 노력이 무엇보다 중요합니다. 이를 위해 필요한 것이 바로 감정을 헤아리는 대화법입니다. 서로 뇌를 공유하지 않는 이상, 말이야말로 자신의 감정을 표현하고 타인의 감정을 이해할 수 있는 가장 최선의 수단이니까요.

그래서 우리는 입에서 나오는 대로 아무렇게나 말하는 대신 내 감정을 정확하게 이해하고 전달하는 법, 그리고 말속에 담긴 상대의 감정을 올바르게 이해하는 법을 훈련해야 합니다. 지금까지 부주의하게 내뱉곤 했던 수많은 단어를 상황에 맞는 단어들로 바꾸는 겁니다. 그렇게 하면 대화가 훨씬 더 쉬워지고, 불필요한 다툼으로 멀어졌던 관계를 회복할 수 있습니다.

이를 위해 저는 여러분께 감정을 온전히 주고받는 대화법 3단계를 가르쳐 드리려 합니다. 그 첫 번째 단계는 대화 도중 일어나는 감정의 작동 원리를 아는 것입니다. 무신경한 반응이나 공격적인 말을 들었을 때 우리 몸과 마음에 어떤 변화가 생기는지, 그것이 어떤 방식으로 표출되는지를 알아보자는 것입니다. 이 과정을 이해하면 상대가 왜 날카로운 반응을 보이는지, 그 말을 들은 내 마음이 왜 요동치는지를 더욱 넓은 시야에서 바라볼 수 있습니다.

두 번째로는 상대의 말을 잘 듣는 법에 관해 알려 드리고자 합니다. 상대방의 진심을 오해하지 않는 방법은 무엇인지, 상대의 말이 자극한 내 감정을 어떻게 다스려야 하는지, 참고 듣기 불편한 말에는 어떻게 대처해야 하는지 알면 이어지는 대화도 한층 더 수월해집니다.

마지막 세 번째로는 내 마음을 잘 전하는 법을 알려 드리려 합니다. 상대방을 불필요하게 자극하지 않는 화법은 무엇인지, 화해의 말을 어떻게 건네면 좋은지, 정말 대화하기 힘들 때는 어떻게 해야 하는지를 알면 소중한 사람과의 대화가 더욱 즐겁고 깊어지게 될 것입니다.

이 책을 쓰며 저는 특히 한국인의 성격적 특징을 고려한 대화법을 소개하고자 노력했습니다. 시중에 출간된 책이나 강의에서 소개하는 대화법에는 미국이나 유럽에서 생겨난 이론을 그대로 적용하는 경우가 많습니다. 그런데 이 중에는 우리 문화와 어울리지 않는 것도 있습니다. 그래서 책을 읽을 땐 고개를 끄덕거리면서도, 정작 일상생활에 적용하기는 쉽지 않을 때도 있죠. 하지만 이 책에서 제가 소개해 드리는 대화법은 제가 상담 현장에서 직접 내담자들과 대화하고, 소통하고, 부딪히면서 알아내고 깨달은 것들입니다. 책에 담은 저의 경험을 읽으면서 독자분들도 함께 울고 웃었던 사람들의 얼굴을 떠올려 보시기 바랍니다. 분명 여러분도 비슷한 경험이 있었다는 사실에 놀랄지도 모릅니다.

이 책이 부디 여러분이 겪는 크고 작은 어려움에 큰 도움이 되었으면 좋겠습니다. 인생이 나무라면 인간관계는 그 나무의 뿌리와 같습니다. 뿌리가 흔들리면 나무가 똑바로 설 수 없듯이, 관계가 흔들리는 사람은 결코 일상을 지탱할 수 없습니다. 이 책에서 전하는 경험과 지식을 양분 삼아, 여러분이 사랑하는 사람들과의 관계를 더욱 푸르고 울창하게 가꾸어 나가시기를 진심으로 바라 마지않습니다.

차례

2장 말에 실린 감정을 꿰뚫어 보자

3장 감정이 통해야 말도 통한다

1장

대화의 기본은 감정 읽기다

인간관계의 뿌리는 대화다

저는 심리학에 관한 글을 쓰면서, 한편으론 다양한 사람들을 대상으로 강의도 합니다. 그래서인지 강의 전후나 쉬는 시간 동안 저에게 다가와 자신의 고민을 털어놓는 분들이 많습니다. 비록 짧은 시간이라 자세한 이야기를 듣지는 못하지만, 저는 그분들의 고민을 단박에 알아차릴 수 있습니다. 백이면 백 사람들의 고민은 언제나 '관계'에 관한 것이기 때문입니다.

청소년들은 학교에서 만나는 또래나 선생님과의 관계, 사랑에 빠진 사람들은 애인과의 관계, 취업 준비에 바쁜 청년들은 얼굴 보기 힘들어진 친구들과의 관계,

직장에서는 동료나 선후배와의 관계, 결혼한 뒤에는 배우자나 시댁·처가와의 관계, 부모들은 자기 자녀와의 관계, 자녀가 결혼을 하면 며느리나 사위, 그리고 사돈과의 관계 때문에 힘들다고 하소연입니다. 이게 끝이 아닙니다. 사람들은 지역 이웃과의 관계 때문에 고민하기도 하고, 또 취미를 위해서 가입한 동호회나 신앙을 위해 다니는 종교에서도 구성원들과의 관계로 인해 고민에 빠지기도 합니다.

관계로 인한 스트레스가 극심해지면 누구라고 특정할 수 없거나 잠깐 스쳐 지나가는 사람들 다수가 자신을 미워하거나 싫어한다고까지 생각하게 됩니다. 매장의 점원이나 배달 기사가 자신에게 퉁명스럽게 대했다면서 화를 내기도 하니까요. 이렇게 사람들은 관계 때문에 힘들다며 저를 찾아와 묻습니다.

"그냥 다 끊고, 혼자 살면 안 되나요?"

혼자 지내면 편하고 좋을 것 같다는 생각을 이해하지 못하는 바는 아니지만, 안타깝게도 모든 관계를 끊고 혼자 살라고 말할 수는 없습니다. 왜 그럴까요? 한 사람의 존재는 결국 '관계'로 이루어지기 때문입니다.

사람이 이 땅에 존재하기 위해선 두 남녀의 관계가 필요합니다. 태어난 사람이 성장하기 위해서도 양육자와의 관계가 필요하죠. 삶을 풍성하게 살기 위해서는 또래나 동료, 연인과 배우자와의 관계도 중요합니다. 죽는 그 순간에도 나를 배웅하는 사람들과의 관계가 중요한 건 마찬가지죠. 따라서, 우리에게 '관계를 맺느냐 마느냐' 자체는 선택할 수 있는 문제가 아닙니다. 누구와 관계할 것인지, 어느 정도로 깊게 관계할 수 있을 것인지는 선택할 수는 있겠지만요. 그렇기 때문에 우리는, 관계 자체를 포기하기보다 관계를 덜 어렵게 만드는 방법을 모색해 봐야 합니다.

우선, '관계'가 만들어지려면 무엇이 필요할까요? 정답은 바로 대화입니다. 자주 마주치는 사람이라도 말을 걸기 전에는 '남'입니다. 이름도 모르고, 직업도 모릅니다. 어디를 향해 가는지도 모르죠. 하지만 우연한 기회에 말을 걸게 되어, 깊은 대화를 주고받게 되면 더 이상 '남'이 아닙니다. '나'와 관계 맺는 '너'가 되죠.

대화는 이처럼 '나'에게 '너'가 탄생하는 순간이기도 하면서, 또한 '나와 너'가 관계를 지속하는 수단이기도 합니다. 아무리 친했던 사이라도 대화가 끊어지면 멀어지게 됩니다. 종종 함께 사는 부부조차도 말 한마디 없이 남남처럼 지내는 경우가 있습니다. 비록 법적으론 부부 관계지만, 사실상 이혼 상태와 다를 바 없어 '정서적 이혼'이라 부르죠. 이런 면에서 관계의 본질은 '너와의 대화'라고 할 수 있습니다. 대화를 통해서 '남'이 '너'가 되고, 대화를 통해서 '너'와의 관계가 유지됩니다. 따라서 관계가 어렵다면 둘 중 하나가 어려워진 것입니다. '너'가 어렵든지, '대화'가 어렵든지 말이죠.

'너'가 어렵다는 것은 무슨 말일까요? 상담실에서 상처받은 사람들의 이야기를 듣다 보면 한 가지 공통점을 발견할 수 있습니다. 자신이 사랑하는 사람으로부터 목적이 아닌 수단으로 취급받았다는 것입니다. 고유한 감정과 생각을 가진, 이해하고 존중해야 할 한 명의 인간이 아니라, 역할이나 임무를 잘 수행하여 어떤 조건과 기준을 충족시켜야 하는 도구처럼 대우받았다는 것이죠. 이를 다른 말로 대상화, 도구화라고 합니다.

사람을 도구 취급한다는 게 무슨 뜻인지 확실히 와닿지 않는다면 여러분이 사용하는 물건이나 도구를 떠올려 보세요. 예를 들어 제 노트북은 그저 도구일 뿐입니다. 노트북은 제가 원하는 것을 이루기 위해 돈을 주고 구매한 수단이죠. 만약 노트북이 고장 나면 저는 AS센터를 찾아가 수리를 할 겁니다. 그런데 또 고장이 나면 "아, 이거 왜 이렇게 고장이 자주 나지? 짜증 나네. 새걸로 교체하든가 해야지!"라고 혼잣말을 하겠죠. 그러다가 더 좋은 노트북을 얻게 되면 원래 노트북을 폐기처분 할 것입니다.

필요하면 가까이하고, 필요가 없어지면 버리는 것. 이것이 도구를 다루는 방식입니다. 그런데 놀랍게도 타인을 이런 식으로 대하는 사람들이 많습니다. 정해진 조건에 비추어 상대방을 평가하고, 비난하고, 불이익을 주죠. 물리적으로 사람을 학대하거나 유기하는 것뿐만이 아닙니다. 성적이 나쁘다고 자녀에게 화내는 부모, 역할을 제대로 하지 못한다고 부모를 비난하는 자녀, 잘 가르치지 못한다고 교사를 탓하는 학생, 집중하지 않는다고 학생을 외면하는 교사, 돈을 많이 벌지 못하거나 집안일을 제대로 못 한다고 배우자를 비난하는 경우도 모두 상대를 도구 취급하며 내뱉는 '독백'입니다. 독백은 혼자 하는 말일 뿐, 상호 간 대화가 아니기에 관계를 위한 말이라고 할 수 없습니다.

결국, 관계가 어려워지는 이유는 사람들이 서로를 인격체가 아니라 도구처럼 대하고 있기 때문입니다. 물론 처음부터 그러려던 건 아니었을 겁니다. 다만 자기도 모르는 새에 상대방의 존재가 너무 익숙해져서, 원래는 알고 있었던 상대방의 소중함을 깜빡 잊어버리게 된 것이죠. 바람직한 관계를 위해서는 이를 되새겨야 합니다. 상대가 고유하고도 온전한 인격체이며, 또한 그 자체로 소중하고 특별한 나의 가족, 친구, 연인이라는 사실을 기억해내야 하죠. 이를 생각하지 않고 무분별하게 내뱉는 말은 설령 두 사람 사이에 오가는 말이라 하더라도 '집단적 독백'이나 다를 바 없습니다. 두 사람 사이에 아무런 울림이나 변화도 이루어지지 않고, 각자 하고 싶은 말만 늘어놓을 뿐입니다.

이처럼 우리는 상대가 나와 같은 인격체라는 사실을 끊임없이 기억하고 다짐해야 합니다. 그것이 대화를 시작할 수 있는 가장 기본적인 조건입니다. 하지만 이것이 꼭 두 사람의 뜻이 일치해야 한다는 뜻은 아닙니다. 사람들은 저마다 다르게 생각하고, 다르게 느끼고, 다르게 판단합니다. '상대방 또한 인격체임을 인정하자'라는 말은 이러한 다름을 인정할 수 있어야 한다는 뜻입니다. 나와 생각이 다르다고 해서 귀를 닫지 말고, 상대가 하는 말을 있는 그대로 들어 보세요. 대화는 바로 그 순간부터 시작됩니다.

오해는 인간의 본능에서 비롯된다

사람의 본질은 관계이고, 관계의 본질은 대화입니다. 그러니 사람에게 대화는 굉장히 중요한 일입니다. 그런데 대화는 왜 이리도 어려울까요? 관계 문제로 상담을 받으러 오시는 분들은 모두 저에게 이런 하소연을 합니다.

"남편과 말이 안 통해요."

"아이가 당최 말을 안 해요."

"친구랑 대화하다가 크게 싸웠어요."

"직장에서 말 때문에 상처를 받았어요."

여기서 우리는 관계의 문제가 실은 '언어의 문제'임을 알 수 있습니다. 별것 아닌 것 같아 보여도, 언어란 사실 굉장히 놀라운 능력입니다. 지구에 존재하는 각종 동식물들도 나름의 의사소통 방식이 있습니다. 그러나 사람의 언어에 비할 바는 아니죠. 사람이 만물의 영장이 된 것도 뛰어난 언어 덕분입니다. 인간은 언어를 통해 관찰한 대상과 현상을 정확하게 묘사하여 말과 글로 표현할 수 있고, 이러한 지식이 세대를 거쳐서 전달되죠. 이처럼 언어는 객관적 사실을 담아낼 때 특히 효과적입니다. 표현하는 사람과 받아들이는 사람 사이에서 오해의 소지를 최소한으로 줄일 수 있죠.

그러나 대화를 통해 마음을 나누려고 하면, 언어는 갑자기 무력해집니다. 주관적인 느낌이나 감정을 담아내는 데에는 언어가 효과적이지 않기 때문입니다. 서로 살아온 배경이 다르고, 똑같은 표현을 다르게 사용하는 경우가 많은 까닭입니다. 이 때문에 대화를 할수록 오해가 점점 쌓이는 경우가 생깁니다. 이러한 오해를 풀 기회를 놓친 채 계속 관계를 맺으면 갈등이 일어나게 됩니다.

"당신과 결혼한 걸 후회해! 이혼하고 싶어."

"어떻게 나한테 이럴 수 있어? 얼른 사과해!"

"너 같은 애가 앞으로 커서 뭐가 되겠니?"

"이게 어디서 말대꾸를 해?"

갈등 상황에서 뱉어내는 날 선 말 때문에 갈등은 해결되기는커녕 심해집니다. 겉으로 보기에만 대화일 뿐 사실은 일방적인 독백만이 난무하죠. 이러다 감정이 더 고조되면 폭력까지 오갈 수 있습니다.

갈등을 한자로 쓰면 '葛藤'입니다. '칡葛'과 '등나무藤'라는 의미죠. 칡과 등나무는 독립적으로 자라지 못하고 다른 식물의 줄기나 지지대, 벽에 얽혀 자라는 덩굴성 식물입니다. 그런데 이 중 칡은 물체를 시계 반대 방향으로, 등나무는 시계 방향으로 휘감으며 자라는 특성이 있습니다. 이 둘이 만나면 어떻게 될까요? 서로 얽히면서 뒤엉키게 됩니다. 이대로는 아무리 길게 뻗어가도 가지런하게 화합할 수가 없습니다. 칡이 오른쪽으로 휘감으니, 그것을 타고 등나무가 왼쪽으로 휘감습니다. 등나무가 왼쪽으로 감아 올라가니, 칡이 오른쪽으로 감아 올라갑니다. 서로가 서로에게 원인이 되기도 하고, 결과가 되기도 하는 모양새죠. 사람 사이의 갈등도 마찬가지입니다.

1. "당신과 결혼한 걸 후회해! 이혼하고 싶어."

"나는 결혼하기를 잘했다고 생각하는 줄 알아?
당신 이런 태도 때문에 이혼하고 싶다고!"

2. "어떻게 나한테 이럴 수 있어? 나한테 얼른 사과해!"

"내가 너한테 그러면 왜 안 되는데?
너는 뭐 잘 났어? 사과할 사람은 너야!"

3. "너 같은 애가 앞으로 커서 뭐가 되겠니?"

"맞아요. 뭐가 될지는 모르지만,
적어도 엄마 같은 사람은 안 될 거예요!"

4. "이게 어디서 말대꾸를 해?"

"말대꾸라도 해주는 걸 고맙게 생각해요!
꼰대 같아서 그냥 무시하고 싶으니까."

이렇게 대화하면 갈등이 풀리지 않습니다. 상대의 말에 발끈해 공격하면, 공격받은 상대도 다시 발끈해서 공격합니다. 이처럼 날 선 말은 싸움의 결과이자 다시 다음 싸움의 원인이 됩니다.

갈등 상황의 대화가 이런 식으로 흘러가는 이유는 우리의 뇌 때문입니다. 평소 사람들은 대체로 이성적이고 합리적으로 말하고 행동합니다. 어린 시절부터 논리적으로 생각하고, 합리적으로 행동하라고 교육받았기 때문이죠. 우리의 뇌는 규칙과 질서를 지키며, 상대를 배려해야 한다는 사실을 기억하고 있습니다. 물론 감정이 격해지지 않았을 때의 이야기지만요. 감정이 격해지는 순간, 뇌는 그 감정에 압도되어 버립니다.

우리 뇌는 이성적 판단과 고차원적 사고를 담당하는 부분인 '대뇌피질'과 감정을 느끼는 부분인 '편도체'로 구분할 수 있습니다. 일반적인 경우 대뇌피질이 편도체의 활동을 해석하고 통제하면서 주도권을 잡습니다. 하지만 감정이 일정 수준으로 치솟으면 대뇌피질은 그 기능을 잃고 맙니다. 특히 누군가로부터 물리적·심리적 공격을 당해서 분노나 공포를 느끼면, 우리의 뇌는 격렬한 감정에 휩싸여 편도체의 지배를 받게 되지요.

이는 사실 아주 오래전 원시시대부터 인류에게 이어져 내려온 뇌의 작동 과정입니다. 자연재해나 맹수의 공격을 받아 생명의 위협을 느꼈을 때 살아남기 위해 채택한 방법이었죠. 편도체의 지배를 받은 원시인들은 크게 세 가지 방식으로 대처했습니다. 위험에 맞서 싸우거나, 위험을 피해 도망가거나, 위험이 지나갈 때까지 숨죽인 채 가만히 있는 것입니다.

현대인의 뇌도 여기서 크게 달라지지 않았습니다. 그래서 우리는 상대로부터 공격을 받았을 때, 대개 맞서 싸우려고 합니다. 똑같이 소리를 지르거나 욕을 하면서요. 그러면 상대도 똑같이 편도체의 영향을 받아 맞받아칠 것이고, 갈등은 더 커지겠죠.

다른 한편으로 우리는 자리를 박차고 나가거나 대꾸도 없이 꾹 참기도 합니다. 사실 격한 스트레스 때문에 도망치거나 얼어붙는 반응을 보이는 것이지만, 이는 상대방으로 하여금 무시당하는 기분을 느끼게 할 수도 있습니다. 결국 상대는 더 화가 나겠죠.

이렇게 되면 갈등은 끝이 나지 않습니다. 오히려 대화를 이어갈수록 더 꼬이게 되죠. 칡과 등나무처럼요. 이러한 뇌의 특성을 잘 이해하지 못한다면, 대화는 물론이고 관계마저 포기하고 싶어지게 될 것입니다.

이기려는 습관이 관계를 망친다

사실 사람들은 별생각 없이 말을 합니다. 감정에 따라, 충동적으로, 또 침묵을 견디기 어렵다거나 심심하다는 이유로 말을 하죠. 말을 쉽게 하는 사람들은 남의 말도 가볍게 듣습니다. 진심 어린 조언도, 경험에서 우러나오는 위로도, 꼭 새겨들어야 할 교훈도 한 귀로 듣고 한 귀로 흘리죠. 그래서일까요? 세상엔 말을 가볍게 여기는 사람들이 많습니다. 어떤 이들은 말이란 연기처럼 의미 없이 허공으로 날아가 버리는 것이라고 생각하기도 하죠.

물론 말은 눈에 보이지 않고, 한없이 가벼울 수도

있습니다. 그러나 곰곰이 생각해보면 말에는 굉장한 힘이 있습니다. 위력적이라는 표현도 아깝지 않죠. 말에 이런 힘이 있다는 것은 선조의 지혜가 담겨 있는 속담에서도 알 수 있습니다. 말에 관한 속담 여러 가지가 있지만 가장 대표적인 것은 바로 '말 한마디로 천 냥 빚을 갚는다'겠지요.

천 냥이 얼마인지 아시나요? 18세기 조선에서는 쌀 1섬(144kg)이 5냥, 머슴의 한 달 월급이 7냥이었다고 합니다. 그렇다면 천 냥은 쌀 28.8t, 혹은 평범한 노동자의 12년치 봉급이라고 할 수 있겠네요. 12년치 봉급이라니! 정말 엄청난 액수가 아닐 수 없습니다. 요즘 집집마다 가계 대출을 갚느라 허리띠를 졸라 맨다는 보도가 많은데, 그 빚을 말 한마디로 갚을 수 있다고 생각해 보세요. 말의 위력, 실감 나시죠?

어떤 속담은 말의 특징을 보여주기도 합니다. '가는 말이 고와야 오는 말이 곱다'가 대표적이죠. 하지만 이 지혜로운 속담을 어떤 이들은 자신의 나쁜 언행을 정당화하려는 의도로 사용합니다.

"저 사람이 기분 나쁘게 말했으니, 저도 받아친 거죠. 가는 말이 고와야 오는 말이 곱다고 하잖아요!"

충분히 이해는 갑니다. 그런데 잘 생각해 보세요. 내 입에서 험한 말이 나온 이유가 상대방 때문이라는 것은, 내 말의 통제권이 상대에게 있다는 뜻이잖아요. 자존심 상하지 않나요? 자기 말의 주인은 자기 자신이 되어야 합니다. 그래야 자신의 말에 후회를 덜 할뿐더러, 책임을 질 수 있죠.

저는 이렇게 제안해보려 합니다. '가는 말이 고와야 오는 말이 곱다'는 원리를 핑계로 쓰지 말고, 전략으로 사용해 보면 어떨까요? 다시 말해 내가 먼저 고운 말을 보내서, 상대도 나에게 고운 말을 하도록 유도하는 것이죠. 다시 말해 내가 고운 말을 듣고 싶으면, 내가 고운 말을 하면 됩니다. 이렇게 하면 상대 말의 통제권을 내가 갖게 되는 것입니다.

물론 상대가 먼저 나에게 거칠고 공격적인 말을 할 수 있습니다. 이때 열받고 화나더라도, 상대의 말을 통제하기 위해서 고운 말을 보내 봅시다. 처음엔 상대가 나를 얕잡아보고 더욱 거친 말을 쏟아낼 수도 있습니다만, 진중하고 상냥한 태도로 일관되게 대응하면 상황은 역전됩니다. 비굴하게 숙이라는 것이 아닙니다. 내 말의 통제권을 쉽게 넘겨 주지 말라는 것이죠. 웃는 낯에 침 못 뱉는다는 말처럼, 상대도 결국에는 나에게 고운 말을 보내줄 것입니다.

상담센터 대표로도 활동하는 저는 가끔 센터 소속 상담사의 말에 상처받았다고 항의하는 내담자들의 전화를 받습니다. 그럴 때면 저는 우선 내담자 입장에서 무슨 일을 경험했는지 듣습니다. 대부분의 경우 상담자의 의도적이고 일방적인 실언보다는, 상담자와 내담자 간의 오해와 불통이 원인입니다. 그러면 저는 차분하게 상담사가 그렇게 말한 이유를 설명하려고 합니다. 물론 상담자에게는 내담자의 입장을 설명하죠. 어떤 분들은 제 설명을 듣고 상담사를 오해했다면서 다시 상담을 재개하기도 합니다. 하지만 제가 상담사 편을 드는 것에 더 큰 분노를 느끼면서 저에게 화를 내는 분들도 적지 않습니다.

"아니, 제 이야기를 듣고도 지금 상담사 편을 드는 거예요? 제가 그 센터에 가서 상담을 받았다가 마음의 치유는커녕 더 큰 상처를 받았다고 하잖아요!"

이런 이야기를 들을 때면 제 마음 한편에서는 상대에게 지기 싫은 마음, 또 오해를 풀어주고 싶은 마음이 굴뚝같이 솟아오릅니다. 또 한편으로 저에게 거칠게 말한 사람에게 한마디 해주고 싶은 마음도 있죠. 그래서 센터를 개업하고 얼마 지나지 않아서는 이렇게 응대하기도 했습니다.

"잠깐만요, 제가 말씀드렸잖아요. 상담사가 당신에게 상처를 주려고 한 것이 아니라고요. 당신이 상담사를 오해한 거라니까요! 그리고 왜 이렇게 화를 내세요? 제가 상처 준 것도 아니잖아요."

여러분이 내담자 입장이라면, 상담센터 대표의 이런 말에 어떻게 반응하시겠습니까? "아, 죄송해요. 제가 오해했군요. 설명해 주셔서 감사해요"라고 하실 건가요?

오히려 더 짜증이 나겠죠. 실제로도 더 크게 소리를 지르고 화를 내는 분들이 많았습니다. 개업 초기에 이런 경험을 몇 번 하고서는 깊은 고민에 잠겼습니다. 저에게 항의 전화를 하시는 분들의 입장을 헤아려 보기도 했고, 또 센터 대표로서 어떻게 응대해야 할지 여러 사람에게 자문을 구하기도 했습니다.

고민 끝에 제가 선택한 길은 '양보'였습니다. 상대의 말에 발끈해 주도권을 넘겨주는 대신, 상대의 마음을 헤아려 가려운 곳을 긁어주기로 한 것이죠. 그래서 설명이 필요한 사람에게는 차근차근 설명을 해주었고, 또 감정적으로 화를 내는 사람들과는 맞서 싸우지 않으려고 노력했습니다. 대신 차분하게 이야기를 듣고, 그 감정에 공감을 표하면서 아주 깍듯하게 사과를 하기 시작했습니다.

"죄송합니다. 어떤 의도로 그랬든, 상담사의 말에 상처받으셨다면 상담사의 잘못입니다. 또한 교육과 관리를 제대로 하지 못한 저의 책임이기도 합니다. 정말 죄송합니다."

자신이 소리를 지르며 화를 냈는데, 제가 받아치지 않고 차분하게 사과하면 어떻게 될까요? 대부분은 언성을 낮춥니다. 간혹 더 크게 화를 내시는 분들이 있는데, 그럴 때면 한 번 더 경청합니다. 그리고 다시 사과를 합니다. 이렇게 몇 차례 반복하면 누구라도 언성을 낮춥니다. 도리어 전화를 끊을 때쯤엔 저에게 고마움을 표하는 경우도 있습니다.

어때요, 양보하고 인정하는 말이 오히려 상대를 진정시킨다는 사실이 놀랍지 않나요? 상대의 입에서 나를 존중하는 말이 나오도록 할지, 나를 비난하는 말이 나오도록 할지는 결국 자신의 말에 달려있다고 생각합니다. 제가 상담사라서 가능한 일이라고 생각하시나요? 아닙니다. 여러분도 충분히 가질 수 있는 능력입니다. 말은 위력적이거든요.

말은 마음의 포장지일 뿐이다

심리학도의 길로 들어선 이후 20년 가까이 저의 주된 관심사는 마음입니다. 마음이 어떻게 작동하는지, 마음은 어떻게 발달하는지, 건강한 마음과 병든 마음의 차이는 무엇인지, 마음을 어떻게 치유하는지 등 마음과 관련된 것이라면 무엇이든 알고 싶었습니다. 이를 위해서 심리학, 뇌과학, 철학을 비롯해 다양한 분야를 공부했습니다. 그 결과 지금의 저는 마음의 전문가가 되었습니다. 제가 운영하는 상담센터에는 자신의 마음을 털어놓으며 해석을 요청하거나 조언을 듣기 위해 찾아오는 분들이 많습니다. 저는 이분들과 시간을 보내며 상담을 진행하고, 이렇게 쌓은 경험과 지식을 토대로 마음에 관한 글을 쓰고 강연도 합니다.

그런데 언제부턴가 제가 마음보다는 '말'의 전문가가 아닌가, 하는 생각이 들었습니다. 제가 어느새 사람들에게 이렇게 말하고 있더라고요.

"그렇게 표현하는 것보다, 이렇게 말해보는 게 어때요?"

"그렇게 말씀하신 이유는 감정이 격해져서인가요, 아니면 정말로 궁금해서인가요?"

"자신이 진짜로 하고 싶은 말이 무엇인지 천천히 생각해 봅시다."

마음의 전문가인 제가 사람들의 말 표현에 관심을 갖게 된 계기는 바로 집단상담입니다. 보통 심리상담이라고 하면 상담자와 내담자가 일대일로 진행하는 개인상담을 떠올리지만, 저는 개인상담보다는 집단상담 프로그램을 주로 운영하고 있습니다. 집단상담은 한두 명의 상담자와 여러 명의 내담자가 함께 진행하는 상담 방식입니다. 내담자들이 돌아가면서 자신의 이야기를 하면, 다른 참가자들이 그에 따라 대화를 이어가며 진행되죠.

특이한 점은, 집단상담이 위로와 공감만 오가는 친목과 화합의 장이 아니라는 겁니다. 심지어 참가자들 사이에서 오해와 갈등이 생기는 경우도 많습니다. 하지만 이것이야말로 집단상담이 의도하는 바입니다. 우리가 일상에서 만나는 가족이나 연인, 친구나 직장 동료는 상담 전문가가 아닌 일반인입니다. 이들에게 언제나 무조건적인 위로나 공감을 기대할 수는 없죠. 서로 오해하고 갈등을 빚는 경우도 자주 발생합니다. 집단상담의 목표는 이러한 상황을 마주했을 때 대화로 풀어가는 연습을 하는 것입니다. 전문가인 상담자가 함께하는 자리에서 말이죠.

한번은 이런 일이 있었습니다. 집단상담에서 만난 두 참가자(A와 B)가 친해졌습니다. 나이도 비슷했고, 둘 다 사회 초년생이어서 통하는 이야깃거리가 많았습니다. 집단상담이 끝나면 지하철역까지 함께 가곤 했죠. 다른 참가자들은 두 사람의 친분을 부러워했습니다.

그러던 어느 날 C가 상담에 새로 참여했습니다. C

도 두 사람과 비슷한 처지였습니다. 기존 멤버였던 A와 B는 C를 챙겨주었고, 자연스럽게 상담이 끝나면 세 사람이 함께 지하철역으로 걸어갔습니다.

이렇게 몇 주가 지나자, 저는 문득 A와 B 사이에 흐르는 이상기류를 알아차릴 수 있었습니다. 상담 시간에는 서로의 얼굴도 쳐다보지 않고, 상담이 끝나면 B를 혼자 남겨둔 채 A와 C가 함께 돌아가기 시작했으니까요. 아무래도 C가 참여하면서 A와 B의 사이가 멀어진 것 같았습니다. 저는 이 갈등을 상담의 주제로 다루려 기회를 엿보고 있었습니다.

그러던 어느 날이었습니다. A가 직장에서 다른 동료와의 갈등 때문에 힘들다고 이야기하자, 갑자기 B가 A를 향해 이렇게 말했습니다.

"그 사람이 A님을 그렇게 미워하는 데에는 무슨 이유가 있지 않을까요? A님은 억울해하기 전에, 자기가 먼저 잘못한 것은 아닌지 좀 돌아보았으면 좋겠어요!"

"아니, B님! 무슨 말을 그렇게 하세요? 도대체 나한테 왜 그러는 거예요!"

집단상담이 아닌 곳에서 이런 갈등이 일어났다면 사람들은 말을 통해 주고받은 '표현'에 초점을 맞출 것입니다. "말이 너무 심하다", "말을 재수 없게 한다"라고 서로 비난하면서 결국 말싸움으로 번지게 되겠죠. 그러나 저는 집단상담을 진행하면서 말싸움의 원인이 대부분 서로의 마음이 제대로 전달되지 않아 발생하는 오해임을 익히 알고 있었습니다. 또한 두 사람이 원래 친한 사이였다가, C라는 새로운 친구가 생기면서 멀어졌다는 사실도 눈치채고 있었죠. 그래서 저는 B에게 제 생각을 솔직하게 말했습니다.

"제가 보기에 B님은, A님이 자신보다 C님을 더 챙겨서 사이가 멀어진 것 때문에 속이 상해 있는 것 같아요. 그런데 그 마음을 솔직하게 얘기하기는 힘드니, 직장 이야기와 관련해 A님에게 날카로운 말이 나온 게 아닐까요?"

"아니에요! 저는 A님에게 별 감정 없어요. A님과 C님이 같은 동네 살면서 더 친해졌고, 상대적으로 저와 멀어진 것은 사실이지만 그것 때문에 제가 A님에게 일부러 날카롭게 말한 것은 아니에요!"

그러나 B의 말을 곧이곧대로 믿는 참가자는 없었습니다. 그도 그럴 것이, B는 자존심을 지키느라 마음에도 없는 말을 하는 습관을 고치고 싶다면서 상담에 참여했기 때문입니다. 그러자 다른 참가자들이 B를 설득하기 시작했습니다. 자존심을 내려놓고, 진심을 전해보자고 말이죠. 결국 B는 자신의 마음을 말로 표현하기 시작했습니다.

"사실 제가 집단상담에 꾸준히 참여한 이유는 A님과의 관계 때문이기도 해요. 그런데 요즘 A님이 저보다는 C님과 더 가까이 지낸다는 생각이 들어서 정말 속상했어요. 그런데 이런 마음을 직접 표현하는 게 너무 힘들어서 계속 외면하고 있다가, 오늘 직장 얘기를 하면서 A님을 비난했네요."

B가 용기를 내서 마음을 전하니, A의 마음도 누그러졌습니다.

"그렇게 말해주니 고마워요. 요즘 B님과 멀어진 것 같아 계속 마음이 쓰였는데, 제가 먼저 손을 내밀 걸 그랬어요."

집단상담 프로그램을 운영하는 동안, 이런 식의 갈등을 계속 중재하면서 저는 중요한 사실을 깨달았습니다. 말은 마음을 전하기 위한 도구일 뿐이라는 것이죠. 관계를 개선하기 위해선 말이라는 도구에 매달리기보다는 그 안에 담긴 마음을 헤아리는 게 중요합니다.

저는 이를 가리켜 '말은 마음을 담는 그릇'이라고 표현합니다. 식당에서 음식을 주문하면, 그릇도 같이 나옵니다. 그릇을 시킨 적이 없는데도 말이죠. 그릇이 없으면 음식을 담을 수 없으니까요. 이때 사람들은 그릇보다는 그 안에 담긴 음식에 주목합니다. 그릇이 마음에 안 든다고 음식을 거부하지는 않죠. 그릇이 예쁘지 않아도 음식이 맛나면, 그 식당은 맛집으로 소문이 납니다.

우리의 마음도 이와 같습니다. 음식을 그릇에 담지 않으면 전달할 수 없듯이, 마음도 말에 담지 않고서는 전달할 수 없습니다. 예를 들면 이 책 또한 대화에 관한 제 마음을 전달하기 위한 수단입니다. 제 마음을 직접 보여드릴 수가 없으니, 이렇게 글로 표현하는 거죠. 만약 기술이 발달해 제 마음을 있는 그대로 전달할 방법이 생긴다면 저는 그 길을 택하겠습니다. 마음을 글로 표현하는 일은 쉽지 않거든요. 대화도 마찬가지입니다. 주변 사람들에게 마음을 직접 전할 수 없기에 말이라는 도구를 사용하죠.

그런데 안타깝게도 많은 사람이 말속에 담긴 마음을 헤아리기보다는, 말 자체에 초점을 맞추어 세세한 표현에 민감하게 반응합니다. 말꼬리를 잡아서 의미 없는 말싸움으로 번지는 경우도 허다하죠. 특히 갈등 상황처럼 감정적으로 격해져 있을 때, 말은 마음을 정확하게 담아내지 못합니다. 어떤 경우에는 마음과 정반대로 말하기도 하죠. 그래서 말보다는 그것이 담고 있는 마음에 관심을 기울여야 합니다.

인간관계에서는 마음이 본질이고, 말은 수단입니다. 아기들을 보세요. 말은 하지 못해도 부모와 마음이 통하지 않습니까? 부모들은 아기의 표정과 울음, 숨소리 같은 비언어적 단서를 통해 아기의 마음을 알아차리며 관계를 맺습니다. 시간이 지나 아기들이 자라면 마음을 말로 표현하도록 훈련받지만, 그렇다 해도 마음이 관계의 본질이라는 사실이 바뀌는 것은 아닙니다. 결국 말은 마음을 전달하기 위한 수단입니다.

만약 가까운 사람과 날 선 말을 주고받으며 다투게 되었다면, 말이란 마음을 담은 그릇일 뿐이라는 사실을 떠올려 보도록 합시다. 그릇보다는 음식에 집중하듯이, 말보다는 그 속에 담긴 마음에 집중해야 대화를 잘 풀어나갈 수 있습니다.

자기 감정은 자신도 모른다

"도대체 마음이 뭔가요?"

제가 '마음'을 언급할 때, 어떤 이들은 되묻습니다. 하지만 애석하게도 마음에 대해 모두가 인정할 만한 정의를 내리는 것은 불가능합니다. 마음은 심리학뿐 아니라 종교와 철학, 과학과 문학 등 다양한 관점에서 정의할 수 있기 때문이죠.

이때 저는 마음을 두 가지 측면으로 나누어 설명합니다. 하나는 '인지'적인 측면의 마음이고 또 다른 하나는 '정서'적인 측면의 마음입니다. '인지'로서의 마음은 사고하고 판단하는 마음이라고 할 수 있습니다. 상황을 분석하기도 하고, 상대의 행동에 대해 옳고 그름을 따지는 판단을 하기도 합니다. 앞으로의 일을 예상하거나 계획하기도 하지요. 한편 '정서'로서의 마음은 희로애락과 같이 불현듯 솟아나는 감정과 기분, 그리고 무언가를 하고 싶은 욕구와 관련되어 있습니다.

그런데 자신의 마음을 설명해 보라는 이야기를 들으면, 대다수는 주로 인지적인 측면에만 집중합니다. 이성을 사용하여 자신이 무엇을 생각했는지, 왜 그렇게 판단했는지를 설명하는 것이죠. 물론 인지도 마음의 일부이며, 우리의 삶에서 아주 중요합니다. 중요한 순간 감정에 치우치지 않고 현명한 선택을 하게 도와주죠. 사회생활에서도 자신의 감정을 내려놓고, 이성적 판단에 따라 대화하는 것은 중요한 능력입니다.

하지만 이것이 전부는 아닙니다. 관계에 있어서 더 중요한 건 마음의 정서적인 부분입니다. 한마디로 '감정'이라고 할 수 있죠. 누군가와 친해지거나 사랑에 빠질 때 우리를 사로잡는 건 '합리적인 근거'가 아닙니다.

'논리적으로 설명하기 어려운 감정과 욕구'죠. 누군가와의 관계를 지속하는 것도 판단보다는 기분에 의해 좌지우지됩니다. 가족이나 연인처럼 보다 친밀한 관계에 있는 사람과 대화할 때 감정이 특히나 중요한 이유입니다. 감정은 그 자체로 옳고 그름을 따질 수 없는 인간의 고유한 반응입니다. 따라서 감정을 공유해야 서로에 대한 이해는 깊어지고, 오해는 줄어들죠. 결국 친밀한 관계를 안정감 있게 지속할 수 있게 됩니다.

이토록 관계에서 중요한 감정을 표현하기 위해서는 먼저 자신의 감정을 인식할 수 있어야 합니다. 그러려면 먼저 감정에 대해서 알아야겠죠? 감정을 분류하는 방법과 함께 인식하는 방법도 알려드릴게요.

심리학자들은 인간의 감정을 크게 두 가지로 분류했습니다. 바로 '유쾌'와 '불쾌'입니다. 유쾌 감정이란 우리가 흔히 말하는 좋은 기분을 말하고, 불쾌 감정이란 안 좋은 기분을 말합니다. '즐거움', '기쁨' 같은 감정은 유쾌 감정이고, '분노', '슬픔' 같은 감정은 불쾌 감정입니다. 만약 누가 여러분에게 지금 기분이 어떤지 물었을 때, 정확한 표현을 못 찾겠다면 일단 기분이 좋은지(유쾌) 나쁜지(불쾌)부터 생각해 보시면 좋습니다. 자신의 기분이 좋은지, 좋지 않은지 잘 모르겠다면 자신의 표정이 편안한지, 불편한지를 확인해 보세요. 표정이 편안하거나 조금이라도 입꼬리가 올라간다면 좋은 기분입니다. 반면 미간을 찡그리거나 입과 입술에 힘을 주고 있다면 나쁜 기분입니다. 물론 사회적 미소처럼 얼굴은 웃고 있지만 속마음은 불편한 상태라면, 그 감정은 나쁜 기분일 것입니다.

여기에서 한 걸음 더 나아가기를 원하신다면 신체의 흥분 상태, 즉 '각성'과 '이완'의 구분을 더할 수 있습니다. 유쾌 감정 중에서 '즐거움'은 각성 상태, '기쁨'은 이완 상태입니다. 불쾌 감정 중에서 '분노'는 각성 상태, '슬픔'은 이완 상태죠. 각성과 이완을 구분하기 위해서는 심장이 어느 정도 빨리 뛰는지, 근육이 얼마나 긴장했는지를 확인하면 됩니다. 각성 상태에서는 심박이 빨라지고, 근육에 힘이 들어가 있습니다. 어깨 근육이 대표적입니다. 반면 이완 상태에서는 심박이 느려지고, 근육에 힘이 들어가 있지 않습니다.

두 개의 구분을 조합하면 총 4가지로 감정을 구분할 수 있습니다. 유쾌-각성, 유쾌-이완, 불쾌-각성, 불쾌-이완입니다. 자신의 감정이 어떤지 모르겠으면, 일단 네 가지 중에서 하나를 골라보세요. 더 세밀하게 감정을 표현하고 싶으시다면 아래의 감정 형용사 목록을 참고하시는 것도 좋습니다.

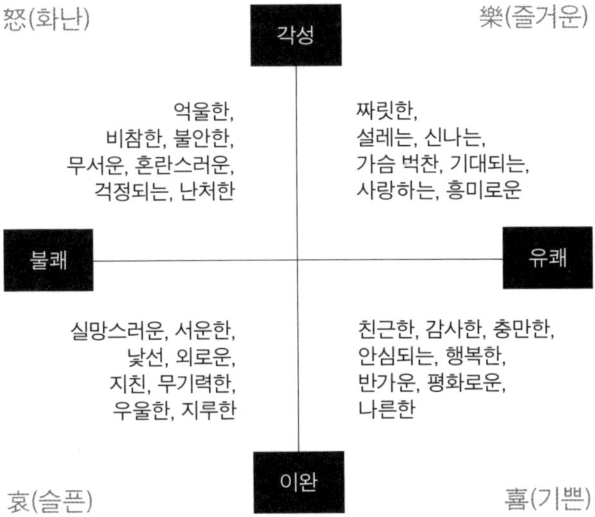

어때요, 막연하게만 느껴졌던 감정도 실은 꽤나 다채롭고 복잡하죠? 하지만 이러한 감정의 존재를 아는 것은 겨우 시작일 뿐입니다. 내 마음을 자유자재로 파악할 수 있을 때까지는 꾸준한 연습이 필요하죠. 그러니 이제부터는 대화할 때 자신이 느끼는 감정을 천천히 되짚어 보세요. 내 감정의 정체를 파악하는 것만으로도, 마음이 훨씬 편해질 것입니다.

'나'라고 하지 말고
'우리'라고 하자

"다 아는 걸 굳이 말로 해야 하나요?"

"우리 부모님은 말이 통하지 않아서 답답해요."

"말하다 보면 점점 오해가 쌓여서 입을 닫게 돼요."

내담자들과 이야기를 나눠 보면 대화가 너무 어렵다고 하소연하는 사람들이 참 많습니다. 왜 이렇게 대화가 어려울까요? 여러 이유가 있지만 그중 하나는 한국 특유의 문화 때문입니다. 심리학의 한 분야인 '문화심리학'에서는 서양과 동양의 문화 차이에 주목하는데요. 이 문화 차이가 사람들의 생각과 행동에 영향을 미치기 때문이죠. 두 문화의 차이를 설명하는 가장 대표적인 사례가 '개인주의'와 '집단주의'입니다.

사람들과 함께 살아가야 하는 세상에서 때로는 개인의 이익과 집단의 이익이 충돌할 때가 있죠. 이때 무엇을 우선하느냐에 따라 개인주의 문화와 집단주의 문화가 구분됩니다. 서양은 개인의 이익을 우선시하는 개인주의 문화입니다. 개인 없이는 집단도 없다고 생각하는 것이죠. 따라서 집단을 위해 개인이 양보하는 경우가 드뭅니다. 그만큼, 한 개인이 집단을 위해서 희생한다면 그는 엄청난 영웅으로 대우받습니다.

반면 한국이 속한 동양은 집단의 이익을 우선시하는 집단주의 문화입니다. 개인이 아무리 출중해도 집단의 도움이 없으면 능력을 펼칠 수 없으니, 전체의 이익을 위해 개인이 양보하는 경우가 많습니다. 그러다 보니 집단을 위해 누군가 희생하더라도 대단히 인정해주거나 영웅시하지 않죠. 그뿐만 아니라 한 구성원의 잘못으로 집단 전체가 불이익을 받는 연대 책임을 동양 사람들은 서양 사람들보다 쉽게 받아들입니다.

개인보다 집단을 우선시하는 한국의 집단주의 문

화는 언어에도 영향을 미쳤습니다. 우선 집단 내에서의 위계와 서열이 중요하기에, 존대와 존칭이 발전했습니다. 단지 어미(~있다, 있습니다)뿐 아니라 단어(밥, 진지)도 구분해서 쓰기도 합니다. 여기에 더해 개인의 속마음을 노골적으로 드러내거나 자기주장을 굽히지 않아 집단의 평안을 깨트리는 것은 바람직하지 못한 일로 여깁니다.

'침묵은 금이다.'

'낮말은 새가 듣고, 밤말은 쥐가 듣는다.'

'남의 눈에 눈물 내면, 제 눈에는 피눈물 난다.'

어린 시절부터 우리는 이런 속담을 들으며 삶의 교훈으로 삼았습니다. 자나 깨나 말조심하라는 부모님의 잔소리와 함께 말이죠. 말을 잘못했다가는 화를 입을 수 있으니 괜한 말은 가급적 하지 않는 것이 좋다고 생각해 왔습니다.

그러나 살면서 말을 아예 안 할 수는 없죠. 어떻게

해야 집단의 안녕을 유지하면서도 마음을 드러낼 수 있을까요? 두 가지 방식이 있습니다. 그중 하나는 상대의 기분을 상하게 할 수 있는 직접적이고 노골적인 표현 대신, 상대를 배려할 수 있는 간접적이고 우회적인 표현을 사용하는 것입니다.

오랜만에 여러분의 고등학교 친구들이 모였다고 합시다. 그중에는 학창 시절부터 여러분과 갈등을 빚었던 친구도 있습니다. 그가 나올 줄 알았다면 모임을 나가지 않았을 정도로 어색한 사이였습니다. 하지만 이왕 나왔으니 마음을 다잡고 어떻게든 즐겁게 시간을 보내려고 결심했습니다. 그런데 시간이 지날수록 그 친구 때문에 마음이 점점 불편해져서 도저히 참을 수가 없게 되어, 먼저 자리를 뜨기로 결심했을 때 여러분은 어떻게 말하실 건가요?

A : 나는 지금 기분이 매우 안 좋아. 저 친구를 보니 옛날 생각이 나서 힘들고, 또 이렇게 계속 같이 있어야 한다는 사실에 화가 너무 나서 참을 수가 없어. 나 집에 갈게.

B : 나는 지금 몸이 너무 안 좋아. 너희들이랑 같이 있는 시

간이 좋아서 아픈 것 좀 참으려고 했는데, 너무 힘드네. 나 집에 갈게.

A를 선택한다면 그 자리에서 한바탕 싸우게 될지도 모릅니다. 친구와 직접 싸워야 하는 것은 물론이고, 그 자리에 함께한 다른 친구들에게 지탄받을 수도 있습니다. 반면 B는 상대에 대한 불쾌감을 직접적이고 노골적으로 표현하지 않으면서, 그 자리를 떠날 수 있는 명분이 있습니다. 게다가 몸이 아프다는 것은 다른 친구들로부터 걱정과 위로를 받을 기회이기도 합니다. 특히 갈등 있는 친구와의 관계에서 중립의 태도를 지키고 있던 다른 친구들을 잠시나마 내 편으로 만들 수 있죠. 이는 상대적으로 갈등의 대상자를 소외시키는 효과를 초래합니다. 이렇게 우회적인 표현을 사용하면 듣는 이를 포섭하여 자신의 주장을 더 잘 어필할 수 있습니다.

집단의 안녕을 유지하면서 마음을 드러내는 두 번째 방법은 말에서 '나'와 '너'라는 주어를 쓰지 않는 것입니다. '나'와 '너' 대신 '우리'라는 표현을 쓴다거나, 아예 주어를 생략해 버리는 것이 대표적이죠. 친구들과 함께 카페에 모여 어떤 주제를 놓고 열띠게 이야기하는 상황을 상상해 봅시다. 그러나 여러분은 그 주제에 관심도 없고, 배도 고파서 그만 식사하러 가고 싶습니다. 이럴 때 여러분이라면 어떻게 말하실 건가요?

A : 나 배고파. 이제 이야기 그만하고, 밥 먹으러 가고 싶어.

B : 얘들아, 배고프지 않아? 우리 이제 이야기 그만하고, 밥 먹으러 가는 게 어때?

만약 A를 선택했다가는 다른 친구들로부터 "넌 너만 생각하니? 너 빼고 다른 애들은 즐겁게 얘기하잖아. 정 배고프면 혼자 가서 밥 먹든가"라며 한 소리 들을 수도 있습니다. 순식간에 집단의 분위기를 깨고 자기 욕구만 챙기는 이기적인 사람으로 전락해 버릴 수 있죠. 그러나 B의 경우는 좋은 반응을 끌어낼 수 있습니다. 왜냐하면 친구의 배고픔을 염려해 주었기 때문입니다. 만약 이때 누군가가 "난 배고프지 않은데? 너 배고프면 혼자 가서 밥 먹어"라고 하더라도 "아니야. 내가 배고픈 게 아니라, 너희들 배고플까 봐 그랬던 거야.

난 괜찮아"라고 둘러댈 수 있습니다. 자신의 욕구를 타인의 욕구로 표현하고, 자신의 바람을 모두의 바람으로 전환시키는 것은 집단주의 문화에서 적을 만들지 않고 내 의사를 전하는 효과적인 의사소통 방식입니다.

하지만 위에서 설명한 두 가지 방법에도 한계가 있습니다. 시대가 변했기 때문입니다. 직접적이고 노골적인 표현보다는 간접적이고 에두른 표현, '나'와 '너'보다는 '우리'라고 표현하거나 아예 주어를 생략하는 방식은 약 십 년 전만 해도 꽤 유용했습니다. 그때는 획일적인 문화가 우리 사회를 지배했고, 개인의 욕구와 욕망이 중요하지 않았습니다. 실제로 사람들의 삶도, 마음도 엇비슷했기 때문이죠. 굳이 말하지 않더라도, 혹은 대충 말하더라도 서로의 마음을 알아주는 것이 가능했습니다.

하지만 지금은 다릅니다. 이전보다 사람들의 삶의 방식이 다양해졌고, 서로의 생각과 가치관이 달라졌습니다. 따라서 자신의 마음을 정확하게 표현하는 기술이 필요해졌습니다. 때로는 내 주장을 다소 직접적으로, 명확하게 내세우는 일도 중요하다는 뜻입니다. 이런 순간에도 에둘러 말하다간 도리어 큰 낭패를 볼 수 있으니까요.

결국 어떤 언어 습관을 사용해야 하는지는 그때그때 상황에 따라 조금씩 달라질 수밖에 없습니다. 그러니 말을 꺼내기 전에 지금 나와 말하는 상대방과의 관계, 그리고 이 대화의 목적을 떠올려 보세요. 그러면 내 주장을 확실하게 제시해야 하는 상황인지, 좋게 좋게 에둘러 넘어가야 하는 상황인지 파악할 수 있을 겁니다.

모든 가족은 다른 언어를 쓴다

가족 상담의 창시자라 불리는 미국의 심리치료사 버지니아 사티어Virginia Satir는, 가정을 가리켜 '사람을 만드는 공장'이라고 했습니다. 공장에서 자동차를 만들듯이 가정에서는 사람을 만든다는 것이죠. 사람을 만든다는 게 무슨 뜻일까요? 우선 부모의 유전자를 물려받아 엄마의 뱃속에서 몸이 만들어지고 일정 기간 후 세상에 태어나는 것을 의미합니다.

하지만 몸이 전부는 아닙니다. 사람을 완성하기 위해선 마음도 만들어져야 합니다. 이를 위해 사람은 다른 사람과 함께 살아가기 위해, 상황에 맞는 생각과 행동을 하기 위해서는 어떤 마음을 가져야 하는지 배우게 되죠.

그런데 몸은 비교적 비슷한 모습으로 형성되고 발달하는 데 비해, 마음의 발달은 가정마다, 또 사람마다 차이가 상당합니다. 그 이유는 마음이란 굉장히 섬세해서, 환경의 영향을 크게 받기 때문이죠. 예를 들어 어린 시절 부모로부터 학대를 당한 사람과, 무조건적 사랑을 받은 사람의 마음은 서로 다른 모습일 것입니다. 또 외동자식으로 자라서 부모가 모든 욕구를 충족해 준 사람과, 형제들과 함께 어울려 자라면서 욕구의 좌절을 겪고 양보를 배워야 했던 사람도 마찬가지입니다. 이렇게 어린 시절 경험에 따라 마음의 모습은 달라집니다. 마음이라고 하니 좀 모호하게 느껴지시나요? 구체적으로는 타인과 관계를 맺는 패턴, 나아가 대화법이 가정마다 다르다고 생각하면 이해하기 쉽습니다.

인간관계가 어려운 이유가 바로 이것 때문입니다. 가정마다 관계를 맺고 대화하는 방식이 다르기 때문에, 다른 가정에서 자란 사람과 소통하다 보면 오해가 생기기 쉽죠. 이러한 오해를 줄이기 위해선 기존의 대화법을 버리고 새로운 대화법을 배워야 합니다.

그런데 이는 아주 어려운 일입니다. 대화법은 마음 속 깊숙한 곳에 자리를 잡은 채 자기도 모르게 작동하기 때문이죠. 이뿐만 아니라 대화법은 자신의 가치관이나 정체성과도 연결이 되어 있기에, 여간해선 바꾸기 쉽지 않습니다. 마치 한번 공장에서 찍어낸 제품을 다른 모습으로 개조하긴 어려운 것처럼 말입니다.

대화법을 바꾸지 못해 어려움을 겪는 대표적인 경우가 바로 부부 관계입니다. 부부라는 새로운 관계에 걸맞게 원래 가정에서 배웠던 대화법을 버리고 새로운 대화법을 가져야 하지만, 말처럼 쉽게 되지 않거든요. 실제로 대화법의 차이로 인해 갈등이 생겨 상담센터를 찾는 부부가 정말 많습니다.

"선생님, 저는 이 사람이랑 정말 못 살겠어요. 제가 무슨 말을 해도, 대꾸를 안 해요. 사람이 '좋으면 좋다', '싫으면 싫다' 말을 해야 하잖아요. 아니 저한테만 이렇게 하는 거면 그냥 '내가 마음에 안 들어서 그렇구나' 생각하겠는데, 애들한테도 말을 잘 안 해요. 정말 미치겠어요!"

어느 날 남편과 대화가 안 통한다며 상담실을 두드린 아내가 있었습니다. 그 옆에는 점잖게 보이는 남편이 난처한 얼굴로 앉아 있었습니다. 아내가 이렇게 말하면 남편은 보통 자신을 적극적으로 변호하기 마련인데, 이 분은 조금 달랐습니다. 하고 싶은 말이 있는 것처럼 보이기도 했지만, 왠지 말하기를 어려워하는 것처럼 보이기도 했죠. 그래도 아내와 함께 상담실에 온 것을 보니 관계 개선의 의지가 있는 것 같아 상담실에서 아내를 잠깐 내보내고 남편과 단둘이 상담을 이어갔습니다.

"남편분은 지금 어떤 기분이세요?"

"…글쎄요."

"아내가 제 앞에서 본인을 나무라면서 '못 살겠다'라고 했는데, 뭔가 하고 싶은 말씀이 없으세요?"

"…잘 모르겠네요."

제 질문에 그분은 머뭇거리면서 아주 조심스럽게 대답했습니다. 그것도 단답식으로 말이죠. 순간 아내분의 마음이 이해되는 것 같았습니다. 상담실에서 상담자가 비교적 친절하게 건네는 질문에도 이렇게 반응하는데, 집에서 아내가 언성을 높여 쏘아붙이면 입도 뻥끗하지 않을 것 같더군요.

이분이 왜 이런 대화법을 가지게 되었을지 궁금했던 저는 차근차근 다양한 질문을 건네기 시작했고, 결국 그분의 어린 시절 이야기를 들을 수 있었습니다. 알고 보니 아버지가 아주 엄하고 무서운 분이셔서, 작은 잘못과 실수에도 심하게 매질을 당했답니다. 특히 말 한마디 잘못해서 혼나는 경우가 많았죠.

"왜 말을 그따위로 하니? 어디서 배워먹은 말버릇이야!"

"한 번 뱉은 말은 주워 담기 어려우니, 말을 하기 전에 두세 번 생각하라고 아빠가 말했지? 왜 내 말을 안 듣니!"

"어디서 말대꾸를 해? 내가 너한테 그렇게 가르쳤어?"

즉, 아버지께 혼나지 않기 위해 말수를 줄이는 게 그분의 생존 방식이었던 셈입니다. 두 명의 동생과 어머니도 마찬가지였죠. 그래서 아버지를 제외한 모든 가족이 집에만 오면 말을 하지 않았다고 합니다.

이렇게 가정에서 스트레스를 받으면, 집 밖에서 친구들과 어울리면서 스트레스를 푸는 사람도 있습니다. 그러나 이분은 말수를 줄이는 것이 습관이 되어 버려, 마음을 나누는 친구들도 거의 없었다고 합니다. 게다가 학교나 직장에서 말실수로 불이익을 받는 사람들을 보면서, 자신의 대화법을 더욱 고수하게 된 것이었죠. 즉, 남편은 갈등 상황에서 섣불리 말을 꺼냈다가 상대를 자극할까 봐 두려웠던 것입니다.

반면 아내분의 가정 분위기는 완전히 달랐습니다. 그녀는 아버지를 일찍 여의고 언니, 어머니와 함께 살았는데, 이들 세 모녀는 각자의 일과를 마치고 집에 돌아와서는 하루 종일 있었던 일, 만났던 사람, 그리고 그 과정에서 느낀 여러 감정을 나누었다고 합니다. 물론 이들의 대화가 늘 원만했던 것은 아니었습니다. 서로의 삶에 간섭하면서 잘못을 지적하기도 했고, 이 때문에 자주 싸우기도 했죠. 그래도 대화는 멈추지 않았고, 그러다 보면 자연스럽게 갈등도 풀어졌습니다.

이처럼 자라온 환경이 다르다 보니, 아내가 남편을

답답하게 여기는 건 당연한 결과였습니다. 연애할 때는 남편이 그저 과묵한 사람인 줄 알았는데, 같이 살다 보니 이렇게까지 타인에게 무관심한 사람인 줄 몰랐다며 힘들어했죠. 그러나 정말 남편이 아내에게 관심이 없는 것은 아니었습니다. 처음엔 나름대로 대화해 보려고 했지만, 아내의 화가 쉽게 가라앉지 않자 점차 단답식으로만 대답했답니다. 아내로서는 한바탕 속마음을 풀어놓는 것이 갈등을 푸는 방법이었지만, 남편에게는 대화를 피해야 하는 신호처럼 느껴진 것이죠.

이후 상담에서 저는 부부 모두에게 원래 가정에서 익힌 대화법을 내려놓고 부부만의 새로운 대화법을 만들어야 한다고 당부했습니다. 서로의 마음을 오해하지 않고 올바르게 공유할 수 있도록 말이죠.

여러분은 가정에서 어떤 대화법을 배우며 자라 왔나요? 버지니아 사티어에 따르면, 가족 간 대화법은 5가지 유형으로 정리해볼 수 있습니다. 상대의 비위를 맞춰주려고 자신을 낮추는 '회유형', 상대를 깎아내리면서 통제하려는 '비난형', 자신이나 타인의 감정보다는 문제에 집중해서 이성적으로만 접근하려는 '초이성형', 자신과 타인에게 초점을 맞추지도 못하고 문제도 해결하지 못하는 '회피형', 마지막으로는 자신과 타인의 감정도 고려하면서 문제도 적절하게 해결하려는 '일치형'이 그것이죠. 사람들은 이 중 한 가지만을 사용하기도 하고, 상황이나 상대에 따라 다른 유형의 대화법을 사용하기도 합니다. 만약 여러분이 대화법 때문에 갈등을 겪고 있다면, 자신과 상대의 대화법이 어떻게 다른지 생각해 보세요. 이를 확인해 본다면, 새로운 관계를 위한 새로운 대화법을 만드는 데 도움이 될 것입니다.

옳은 말이 더 상처를 준다

"저 사람과는 영 대화가 안 통해"라고 이야기하는 사람들이 많습니다. 부부나 연인, 형제와 친구끼리는 물론 부모와 자녀 사이도 마찬가지입니다. 대화가 안 되니 갈등은 점점 더 커지고, 결국 관계는 파국으로 치닫기도 합니다. 저는 상담실에서 이런 어려움을 호소하는 내담자들을 만납니다. 그런데 이야기를 듣다 보면 어떤 경우는 단지 대화방식이나 소통 기술이 아닌, '생각과 경험의 차이' 때문에 발생하는 문제를 꽤 자주 보게 됩니다.

"아빠, 저 이번에도 최종 면접에서 떨어졌어요."

"또? 그래, 요즘 취직이 어렵다고들 하더구나."

"네, 맞아요. 제 친구들도 저랑 거의 다 비슷해요."

"그렇다고 해도 취직에 성공하는 사람들도 있지? 이럴 때일수록 더 노력하고 애써야 한다. 남들보다 두세 배는 노력해야 해."

"아빠는 지금 제 노력이 부족하다고 말씀하시는 거예요? 저는 이번에 정말 최선을 다했다고요."

"아니, 왜 화를 내니? 네가 최선을 다했더라도 결과가 좋지 않으니, 더 노력하라는 것 아니냐? 내가 틀린 말 했냐?"

"됐어요. 진짜 말이 안 통해서 아빠랑은 대화를 못 하겠어요!"

대학 졸업 후 5년간 취준생으로 지내고 있는 미성 씨는 아버지 때문에 힘들다면서 상담실 문을 두드렸습니다. 이번에는 최종 면접까지 본 데다 분위기도 좋아서 스스로도 기대를 많이 했었기에, 불합격 소식에 마음고생이 심했다고 했습니다. 그런데 더 노력하라는 아버지의 말을 듣고는 너무 화가 나더랍니다. 아버지는 평소 자신뿐 아니라 엄마와 동생에게도 상처가 되는 말을 일삼는다며 말이죠.

미성 씨는 아버지와의 갈등이 '말' 때문이라고 했지만, 여러 차례 상담을 거치는 동안 저는 다른 이유 때문이라는 생각이 들었습니다. 미성 씨 아버지는 평소 폭력적이거나 공격적으로 말하는 사람은 아니었으니까요. 단지 다른 가족이 힘들어할 때 위로보다는 질책을 할 뿐이었죠.

미성 씨 아버지는 한국전쟁 이후 1959년에 태어난 '베이비 붐' 세대였습니다. 범국가적으로 시행됐던 새마을운동도 경험했죠. 아침마다 전국적으로 "잘살아 보세. 우리도 한번 잘살아 보세" 노래가 흘러나왔고, 어디를 가든 사람들 눈길이 닿는 곳에 "하면 된다"라는 글씨가 가보처럼 적혀 있는 액자를 찾아볼 수 있을 때였죠. 실제로 그 시절, 대한민국은 세계적으로 유례가 없을 정도로 급격한 경제 성장을 이루어냈습니다. 1988년 서울올림픽이 화룡점정이었죠. 전 세계가 한강의 기적이라며 놀라워할 정도였으니까요.

이처럼 베이비 부머들은 하면 된다는 마음을 먹고

노력해 실제로 그 성과를 목격했던 사람들입니다. 그래서 노력하고 애쓰면 무엇이든 못할 것이 없다고 생각합니다. 또한 삶의 문제는 해결될 수 있으며, 세상은 더 좋은 방향으로 발전한다고 확신합니다. 이것이 그들의 마음속 깊이 자리 잡은 가치관이자 인생 신념입니다. 이들은 힘들고 고통스러운 순간에 자기 연민에 빠지거나 남에게 위로받기보다는, 강한 채찍질로 스스로를 일으켜 세웠습니다. 주린 배를 움켜잡고 버텨낸 세월 때문인지, 그들은 어떤 어려움과 고난 앞에서도 오뚝이처럼 잘 일어섭니다. 그래서 주변 사람들에게도 늘 강한 정신력을 요구하고, 더 노력하라고 채찍질합니다. 위로와 공감보다 그게 더 도움이 될 것이라 믿으니까요.

저는 미성 씨에게 아버지의 말은 아버지의 말대로, 본인의 생각은 본인의 생각대로 모두 나름의 이유가 있다고 말해주었습니다. 왜냐하면 아버지가 자라며 경험해온 것과 미성 씨가 자라며 경험해온 것은 서로 다르니까요. 두 사람이 같은 생각과 경험을 가지고 있는데도 대화 중 상처를 받았다면, 그건 화법의 문제가 맞습니다. 그러나 생각과 경험이 달라서 갈등을 빚은 경우는 화법만의 문제라고 보기 어렵습니다. 이는 화법보다도 서로 다른 생각을 존중하며 이해해야 할 문제죠.

그렇다면 서로 간 견해의 차이를 좁히기 위해 생각을 유연하게 바꾸고자 한다면 어떻게 해야 할까요? 재미있게도, 생각을 바꾸려면 말을 바꾸어야 합니다. 사람은 일상 속에서 들었던 말을 내면화하기 때문입니다. 마치 미성 씨의 아버지가 어린 시절 '하면 된다'라는 표어를 내면화한 것처럼 말입니다.

미국의 심리학자 도널드 마이켄바움Donald H. Meichenbaum은 바로 이러한 사실에 주목했습니다. 그는 오랜 연구 끝에, 우울과 불안 등으로 심리적 어려움을 겪는 사람들에게 무의식적으로 내면화된 혼잣말이 있다는 사실을 밝혀냈어요. 중요한 일을 앞두고 긴장될 때 "실수할 것 같아"라고 말한다든지, 자신의 실패를 두고 "난 왜 이렇게 멍청할까? 진짜 한심해"라고 말하는 것이죠.

이들이 그런 혼잣말을 하게 된 이유는, 평소 주변 사람들에게 그와 비슷한 비난을 많이 들었기 때문입니다. 특히 어린 시절 부모나 선생님 등 주변 어른들에게 들었던 말이 큰 영향을 미쳤죠. 부정적인 말이 부정적인 생각을 만들고, 부정적인 생각이 부정적인 말을 만드는 순환 관계가 자리잡는 것입니다.

이러한 악순환을 끊기 위해서, 마이켄바움은 자신의 혼잣말을 바꿔볼 것을 권합니다. 실패한 자신이 한심하게 여겨지더라도 "그래도 최선을 다했잖아. 결과와 상관없이 칭찬받을 만해"라고 말해보라는 것이죠. 이렇게 일부러라도 말을 바꾸다 보면 놀랍게도 조금씩 생각이 바뀌기 시작한다고 그는 말합니다.

이처럼 말과 생각은 서로 영향을 주고받으며 자라납니다. 이러한 사실을 이용하면 상대방이 어떤 생각을 하고 있는지 이해해 볼 수 있습니다. 나와 생각이 달라 사사건건 부딪치는 상대방이 무슨 말을 하는지 유심히 관찰해 보세요. 그의 말이 곧 그가 겪어 온 경험과 생각을 말해주니까요. 그 사람의 말을 들여다보면 그 사람의 경험이 보이고, 그 사람의 경험을 헤아리다 보면 그 사람이 왜 그렇게 말하는지가 보입니다.

그러다 보면 자연스레 그 사람의 생각도 이해하게

됩니다. 나와 상대방의 생각이 어떻게 다른지, 서로 다른 생각을 하게 된 이유는 무엇인지 보다 객관적인 시선에서 파악할 수 있죠. 그러면 서로 생각이 다르다고 해서 스트레스를 받거나 관계에 어려움을 느끼는 일이 크게 줄어듭니다. 그러니 여러분도 때로는 겉으로 보이는 표현보다도 그 속에 담겨 있는 생각과 경험에 관심을 가져 보시기 바랍니다. 그러면 우리의 대화는 조금 더 수월해질 수 있습니다.

인생의 빌런을 내 편으로 만드는 법

"저는 아버지한테 사랑받고 인정받고 싶었어요. 그래서 어렸을 적부터 흥미도 없는 공부에 매진했어요. 성인이 되어서는 아버지가 원하는 직업을 가졌고요. 하지만 아버지는 한 번도 저에게 '잘했다', '고맙다' 한마디 안 해주셨어요. 오히려 잘하다가 한두 번 실수할 때 저를 비난하셨죠. 이제는 지쳤어요. 제 인생이 모두 의미 없고, 허탈해요. 아버지 때문이에요."

은주 씨는 자신을 인정해 주지 않는 아버지에게 상처를 받았다면서 상담실을 찾아왔습니다. 은주 씨처럼 많은 사람이 관계의 어려움을 상대방의 탓으로 돌립니다. 분명히 일리는 있습니다. 왜냐하면 상담센터를 찾아오는 사람은 보통 타인을 힘들게 하는 사람보다는 타인 때문에 힘들어하는 사람들이 많기 때문이죠. 아버지에게 인정받지 못해 힘들어하는 은주 씨처럼 말입니다. 이들이 단지 위로와 공감만을 바랄 뿐이라면 상담이 참 쉬울 것입니다. 하지만 상담사의 임무는 그것으로 끝이 아닙니다. 내담자들은 위로와 공감을 넘어서 자신을 힘들게 하는 대인관계 문제가 해결되기를 바라고 있기 때문이죠.

이런 대인관계와 대화의 패턴이 바꾸려면 어떻게 해야 할까요? 여기서 내담자와 상담자의 입장이 분명히 나뉩니다. 내담자는 자신을 힘들게 하는 상대방이 바뀌었으면 좋겠다고 생각하지만, 상담자로서는 상대방을 상담실에 불러오지 않고서야 그건 불가능하다고 말할 수밖에 없습니다. 상담사는 마법사가 아니니까요. 은주 씨도 그랬습니다. 아버지가 바뀌었으면 좋겠다고 생각했지만, 아버지가 상담실에 오지 않는 이상 불가능한 일이었죠. 그래서 저는 은주 씨에게 먼저 변화해보자고 말했습니다. 자신이 먼저 변화를 경험한 후, 아버지와 대화를 시도하면서 자신의 힘으로 관계와 대화의 패턴을 바꿔보도록 말입니다.

"당장은 아니더라도, 결국 은주 씨는 다시 아버지랑 마주해서 대화해야 해요."

"네? 뭐라고요? 아니, 선생님은 제가 지금까지 한 말을 어떻게 들으신 거예요? 저희 아버지는 말이 안 통한다고요. 단지 말만 안 통하는 것이 아니라, 저를 무시하고 경멸한다고요. 그래서 제가 얼마나 힘들었는지, 지금까지 말했잖아요."

"아버지랑 아예 연을 끊고 살 것이 아니라면, 다른 방법이 없어요. 은주 씨가 상담을 통해 변화한 다음, 아버지와 대화를 시도하면서 지금까지와 다른 관계가 되도록 유도해야 해요."

이렇게 말하면 내담자들은 상대방이야말로 문제의 원인인데 왜 자신이 변해야 하냐고 따지지만, 다 이유가 있습니다. 모든 관계와 대화는 상호적이기 때문입니다. 한쪽이 변하면 자연스럽게 다른 쪽도 변화의 압력을 받죠. 그래서 심리학자들은 상담실을 방문한 사람에게 직접 변해볼 것을 권합니다. 자신을 피해자로만 인식하고 자신의 불행을 가해자 탓으로만 돌린 채 변화를 거부하면 고통은 끝나지 않습니다.

자신을 힘들게 하는 대인관계와 대화 패턴을 벗어나기 위해서는 나부터 바뀌어야 합니다. 이를 위해 가장 먼저 할 일은 자신을 힘들게 한 사람을 긍정적인 대상으로 보아야 한다는 것입니다. 상대방이 자신에게 준 상처를 고마워하라는 것이 아닙니다. 지금까지와는 다른 관점에서, 상대방으로 인해 내가 얻게 된 이득을 찾아보자는 것입니다. 그래야 변화의 동기가 살아나고, 상대방과의 관계를 지금까지와는 다른 관점에서 볼 수 있으니까요.

어떻게 해야 날 힘들게 하는 사람을 긍정적으로 볼 수 있을까요? 첫 번째는 상대방을 나의 반면교사로 삼는 것입니다. 나에게 상처를 주는 이상한 말과 행동을 보면서, 우리는 혹시 나도 모르게 저 사람처럼 말하고 행동하는 것은 아닌지 스스로 돌아볼 수 있습니다. 실제로도 그런 경우가 많습니다. 우리의 말과 행동은 자연스럽게 주변 사람의 영향을 받으니까요. 예컨대 폭력적인 부모 아래서 자랐을 경우 폭력성이 자식에게도 대물림되곤 합니다. 보고 들은 바를 모방한 것일 수도 있고, 부모의 폭력으로부터 자신을 보호하기 위한 대책일 수도 있습니다. 또한 고집이 세고 말이 안 통하는 사람과 연애나 결혼을 한 사람도 자연스럽게 고집이 세집니다. 자신이 인식하지도 못하는 사이에 상대방의 싫은 모습을 닮는 것이죠. 하지만 이와는 반대로 자신을 힘들게 하는 사람을 반면교사로 삼아, 자신의 모습을 돌아보고 절대로 상대처럼 살지 않겠다고 다짐할 수도 있습니다.

타인의 부정적인 면모를 긍정적으로 보는 두 번째 방법은 저 사람에 비하면 나는 비교적 괜찮은 사람이라고 생각해 보는 것입니다. 우리는 자연스럽게 자신과 타인을 비교합니다. 그래서 나보다 잘난 사람들과 있으면 위축되고, 못난 사람들과 있으면 우월감을 느끼죠. 이런 면에서 상대방의 못난 점을 따져 보고 나면, 상대적으로 내가 괜찮은 사람이라는 생각에 마음이 후련해질 수 있습니다. 한마디로 '잘난 내가 참는다'라고 생각하는 거죠.

이와 관련해 생각나는 사례가 있습니다. 어느 내담

자가 우울과 불안을 호소하면서 상담실을 찾아왔습니다. 저는 늘 그랬듯이 그의 고통을 초래한 과거의 상처를 찾기 시작했습니다. 어린 시절 부모의 폭력적인 언행이나 무관심, 가난이나 교우관계의 어려움을 겪었으리라고 생각했기 때문입니다. 과거의 상처가 현재의 고통을 만든다는 논리가 심리 치료 이론의 기본 전제니까요. 하지만 아무리 이야기를 나눠 보아도 문제랄 게 없었습니다. 아니, 없는 정도가 아니라 오히려 환경이 너무 좋았습니다. 직업도 인품도 훌륭한 부모님에, 가정 분위기도 좋았습니다. 정서적으로나 경제적으로 부족한 점이 없었죠. 그렇다고 교우관계가 어려운 것도 아니었습니다. 저는 혼란에 빠졌습니다. 이런 환경에서 살아온 사람이라면 당연히 행복과 즐거움이 넘칠 것이라고 생각했으니까요. 도저히 이 내담자의 심리상태가 이해되지 않았습니다. 하지만 그렇다고 내담자가 현재 겪는 어려움을 외면할 수 없는지라 상담을 꾸준하게 이어갔죠.

그러던 어느 날 이 내담자의 주변 사람들이 한다는 소리를 들었습니다. "내가 너희 가정에서 자랐으면, 정말 행복했을 거다", "넌 복 받은 줄 알아라. 네 부모님 처럼 좋으신 분 없다", "너는 어쩜 그리 좋은 환경에 살 수 있느냐? 부럽다" 등. 그 순간 저는 머리를 한 대 얻어 맞은 것 같은 충격을 받았습니다. 내담자의 환경이 너무 좋은 것이 오히려 문제의 원인일 수 있다는 것을 깨달았기 때문입니다. 이 내담자의 직업은 평범한 공무원이었습니다. 안정되고 좋은 직업이지만, 대학교수인 부모님 직업에 비할 바는 못 되었습니다. 이것 역시 내담자에게 큰 스트레스였습니다. 또 어느 날 내담자가 우울함을 털어놓자, 부모님은 그를 질책하기는커녕 크게 걱정하면서 위로를 해주셨다고 합니다. 그런데도 자신의 열등감이 사라지지 않자, 자기 스스로가 이상한 사람이라는 결론에 도달했다고 합니다.

다시 말해 이 내담자는 자신이 겪는 우울과 불안의 원인을 찾지 못한 나머지, 모든 걸 자신의 탓으로 돌려버린 것입니다. 인간의 뇌에는 모든 일을 원인과 결과로 파악하려는 특징이 있습니다. 그런데 아무리 둘러봐도 우울의 원인을 발견하지 못했으니, 결국 자기 자신이 원인이라고 생각할 수밖에 없었던 거죠. 그런 점에서 은주 씨처럼 문제의 원인이 분명하다는 건 어찌 보면 다행스러운 일일 수도 있습니다. 내가 못난 사람이라서 문제를 겪는 게 아니라고 생각할 수 있으니까요. 이를 심리학에서는 우울로부터 자신을 분리한다고 표현합니다.

"은주 씨 어때요? 이렇게 생각해 보면 아버지가 이상한 사람인 것이 오히려 다행이지 않나요?"

"혼란스럽기는 하지만 무슨 말씀인지는 알겠어요. 저는 아버지가 이상한 사람이라고 싫어하기만 했는데, 오히려 제게 득이 될 수도 있겠네요. 무엇보다 저는 아버지처럼 칭찬과 사랑에 인색한 사람이 되고 싶지 않으니, 상담을 어느 정도 받은 후에는 다시 아버지와 마주해 봐야겠어요."

"그래요. 아버지는 은주 씨가 9가지를 잘해도 별로 칭찬하지 않다가, 1가지만 잘못해도 비난했잖아요. 만약 이 상태로 관계를 단절하면 자기도 모르게 은주 씨도 아버지를 닮아갈 수 있어요. 은주 씨는 아버지가 9가지를 잘못하더라도 1가지 잘했을 때 아버지를 인정해 주고 칭찬해 줍시다. 아버지가 본인에게 못 해줬던 것을 본인은 아버지한테 해줍시다. 아버지를 위해서가 아니라 본인의 변화를 위해서 말이에요."

나를 힘들게 하는 사람을 긍정적으로 보아야, 변화의 동기가 생깁니다. 그리고 이를 지렛대로 삼아 자기 자신과 관계의 변화를 시도해 볼 수 있습니다. 그들을 내 불행과 실패의 원인이 아니라, 내 행복과 성공의 발판으로 삼는 것이 중요합니다. 그래야 남 탓만 하면서 허송세월하지 않고, 내 삶과 관계를 주도적으로 꾸려나갈 수 있습니다. 혹시 말이 통하지 않는 사람과 대화를 시도했으나, 좌절하고 포기하고 싶어질 때마다 기억하세요. 상대의 무능과 부족이 나에게 도리어 이득이 될 수 있다는 사실을 말이죠.

말할 줄 안다고
말이 통하는 건 아니다

외국인과 말이 안 통하는 이유는 '언어'가 달라서입니다. 그렇다면 같은 언어를 쓰는 한국 사람들끼리는 어떨까요? 언제나 말이 통할까요? 아닙니다. 안 통할 때도 있습니다. 바로 자기 말만 하는 사람과 대화할 때 말이죠. 대화란 마주 대하여 이야기를 주고받는 것, 즉 소통을 의미합니다. 언어가 같다는 건 소통의 수단이 같다는 뜻일 뿐, 소통이 잘 이루어진다는 뜻은 아닙니다. 혼잣말은 아무리 많이 해도 대화가 아닌 것처럼, 두 사람이 하는 말이더라도 서로의 마음이 통하지 않는 말은 대화라 할 수 없습니다.

저는 일주일에 대략 100명과 대화합니다. 집단상담을 하기에 가능한 일입니다. 이들의 연령과 직업, 성격과 관계 패턴은 매우 다양하죠. 이렇게 다양한 배경의 사람들과 마음을 나누며 대화하는 건 결코 쉽지 않습니다. 저의 지식과 경험을 총동원해도 대화 중에 발생하는 오해와 불통을 완벽히 피할 수 없죠. 때문에 대화를 잘하는 것은 정말 어려운 일이라는 것을 자주 느낍니다. 그런데 간혹 자신이 대화를 무척 잘한다고 착각하는 사람들을 만나곤 합니다.

"아니, 왜 그렇게 자기 말만 하세요?"

하루는 집단상담에 참여한 지 얼마 안 된 분에게 제가 돌직구를 날렸습니다. 사건의 발단은 이렇습니다. 그분이 직장에서 겪은 어려움을 이야기하겠다고 해서, 저를 포함한 다른 이들이 경청하기 시작했죠. 그분의 이야기가 어느 정도 끝났을 때, 참가자들은 마음을 담아서 여러 피드백을 주었습니다. 힘든 부분에 대해서는 위로나 공감을 전하기도 했고, 개선이 필요한 부분에 대해서 직접적 조언을 해주기도 했죠. 그런데 누가 무어라 하든 그 참가자는 반응하지 않았습니다. "공감해주니 좋다", "그 조언은 받아들이겠다", "왜 그렇게 생각했느냐" 같은 반응이 있을 만도 한데요. 그러면서 계속 자기 말만 하는 것이었습니다.

상담에 참여한 지 얼마 되지 않은 사람이니 웬만하면 다들 이해하고 넘어가려는 분위기였습니다. 눈치가 있다면 이런 분위기를 알아차렸을 텐데, 이분은 그런 눈치도 없는 것처럼 보였습니다. 어느 정도를 넘어서자 모두들 불편해 하는 기색이 느껴졌습니다. 게다가 이분이 직장에서 겪는 에피소드를 잘 들어보니, 결국 이 자리에서 겪는 것과 똑같은 문제라고 생각했기에 결국 상담사인 제가 나선 거였습니다. 이분은 당황한 듯 대꾸했습니다.

"아니, 상담사님 무슨 말씀을 하는 거예요? 제 말만 하다니요?"

"오는 게 있으면 가는 게 있는 법이잖아요. 그런데 지금 사실상 혼자 말하고 계세요."

"아까는 이분들이 말했고, 지금은 제가 말하잖아요. 그런데 혼자 말하고 있다고요? 살다 살다 이런 말은 처음 듣네요! 저는 대화를 잘하는 사람이라고요!"

스스로 대화를 잘한다고 착각하는 사람은 이 밖에도 참 많습니다. 여러분은 어떠신가요? 여러분 주변에는 대화가 되는 사람이 많은가요, 적은가요? 또 여러분은 스스로가 대화를 잘하는 사람이라고 생각하시나요, 못하는 사람이라고 생각하시나요? 여러분이 어떤 사람인지 알기 위해서는 스스로의 평가가 중요한 것이 아니라, 타인의 평가가 중요합니다. 궁금하시다면 가까운 사람에게 꼭 물어보세요.

이런 사람들은 왜 자신이 대화를 잘한다고 착각하는 것일까요? 자신의 대화를 객관적으로 점검해 볼 기회가 없었기 때문입니다. 마치 친구들과 어울려서 농구나 축구를 처음 즐기게 된 아이가 자신에게 스포츠맨의 재능이 있다고 생각하는 것과 비슷합니다. 취미 수준의 운동은 특별한 교육과 훈련을 받지 않고서도 잘한다고 느낄 수 있습니다. 그러나 놀이 수준의 운동이 아니라 승패가 중요한 대회에 나가보면 자신의 실력 부족을 뼈저리게 느끼게 되죠.

대화도 마찬가지입니다. 평소 사이가 좋은 사람들과 즐겁게 웃고 떠드는 상황은 동네에서 친구들과 취미로 운동을 하는 것에 비유할 수 있습니다. 이런 자리에선 실수해도 크게 문제 될 것이 없고 경기에서 지더라도 그뿐인 것처럼, 대화하다가 누가 말실수를 하거나 잘못 표현해도 크게 개의치 않고 그냥 넘어갈 수 있죠. 이런 상황에서는 긴장을 덜 하기에 실수도 적고, 실수해도 크게 비난받지 않으니 '이 정도면 대화를 잘하는 게 아닐까'라고 느낍니다.

반면 실수하면 안 되는 중요한 자리나 예민한 감정을 섬세하게 나누어야 하는 대화에서는 한마디 한마디가 중요합니다. 마치 한 번의 실수가 경기 결과에 영향을 미치는 프로 리그처럼요. 엉뚱한 이야기를 하거나 본의 아니게 말실수를 하면 관계에 금이 갈 수 있습니다. 이런 상황에서 자신이 대화를 잘한다고 자부하려면, 국민 MC 정도는 되어야겠죠.

운동을 잘한다고 하려면 높은 수준의 대회에서 좋

은 성적을 거둬야 하는 것처럼, 대화를 잘한다는 것은 편안한 분위기뿐만 아니라 어색하거나 날카로운 분위기에서도 잘 소통할 수 있는 것을 의미합니다. 이 기준에서 봤을 때, 여러분은 대화를 잘하시는 편인가요? 아마 자신 있게 그렇다고 말하기는 어려울 것입니다. 대부분은 긴장해서 말도 안 되는 말을 하다가 갈등으로 번지거나, 관계가 깨지기 때문입니다. 이렇게 대화를 잘하기 어려운 이유는 무엇일까요? 바로 체계적인 대화법을 배운 적이 없기 때문입니다.

우리는 아기 때부터 말을 자연스럽게 배워왔습니다. 듣고 따라 하면서요. 마치 동네에서 친구들과 어울리면서 자연스럽게 농구나 축구를 즐기듯이 말입니다. 그러나 이런 주먹구구식 배움은 수준 높은 대회에서 통하지 않습니다. 이런 대회에서 좋은 성적을 거두려면 코치로부터 체계적으로 훈련받아야 합니다. 무엇보다 좋은 플레이를 위한 전략과 방법을 익혀야 합니다. 대화도 마찬가지입니다. 소통이 어려운 상황에서도 잘 소통하기 위해서는 전략과 방법이 필요하고, 이것은 전문가의 도움을 받으며 배워야 하는 기술입니다.

물론 이렇게 생각할 수도 있습니다.

"대화법이 정말 그렇게 중요한가요? 지금까지 배운 적 없지만 잘 살아왔는걸요."

저는 반대로 이렇게 묻고 싶습니다. 지금까지 대화 때문에 어려움을 겪은 적이 한 번도 없나요? 사소한 말다툼으로 친한 친구와 사이가 멀어지거나, 사랑하는 연인과 헤어지거나, 부모나 자식 관계가 틀어진 경험이 다들 한 번쯤은 있기 마련입니다. 그런 아픔을 다시는 겪지 않기 위해서라도 대화법은 삶에 꼭 필요한 기술입니다. 아슬아슬해진 관계를 다시 회복할 수 있으면 더욱 좋고요.

운동이나 예술에도 타고난 재능을 보이는 사람이 있듯, 대화에도 타고난 재능을 가진 사람이 있긴 합니다. 하지만 그런 사람은 소수입니다. 이를 증명하듯 시중에는 대화법에 관한 책과 강의가 참 많습니다. 저 또한 도서관이나 시민대학 등 여러 자리에서 대화법을 다루는 강의를 진행했고, 지금 이렇게 책도 쓰고 있습니다. 다시 말해 대화에 어려움을 겪는 사람은 당신 혼자가 아닙니다. 대부분 그렇습니다. 이건 부끄러운 일도, 창피한 일도 아닙니다.

책의 다음 부분부터는 더 좋은 대화를 위한 노하우를 보다 구체적으로 알려드리려 합니다. 자, 그럼 본격적으로 마음을 나누는 대화법이란 무엇인지 배워 볼까요?

2장

말에 실린 감정을 꿰뚫어 보자

말에 감정이 담기면 칼이 된다

저는 마음의 전문가이자 관계의 전문가이며, 또한 대화의 전문가이기도 합니다. 사람들이 자신과 타인의 마음을 돌아볼 수 있도록, 건강한 관계를 맺고 대화를 잘할 수 있도록 도움을 주는 게 제 일이죠. 저 역시 스스로 그렇게 하려고 노력하고 있으며, 나름 성공적인 편이라고 생각합니다. 저 자신이나 사랑하는 가족과 동료들의 마음을 살피면서 그들과 균형 잡힌 관계를 맺고 있으며, 마음이 통하는 대화를 하고 있다고 자부할 정도로 말이죠.

제가 이렇게 말하면 어떤 분들은 '당신은 원래부터

그런 사람인가 보죠'라고 생각하실 수 있겠지만, 사실은 반대입니다. 지금처럼 나름 괜찮은 수준이 되기까지는 정말 많은 시행착오와 실패가 있었습니다. 과거 저는 내향적 성격으로 인해 사람들과 어울려 지내는 것을 힘들어했습니다. 내향적인 사람 중에는 자신과 타인의 감정에 눈치가 빠르게 대처하는 사람들도 있지만, 저는 그렇지도 않았습니다. 제가 우울한지, 불안한지도 잘 몰랐습니다. 아주 애를 써서 사람들과 어울리려고 해 보아도, 제가 무심코 던진 말 한마디에 누군가는 기분이 상하거나 울음을 터뜨렸죠. 함께 있던 사람들은 저에게 눈치를 주었지만, 정작 저는 그 영문을 몰랐을 때가 한두 번이 아닙니다. 이렇게 자신과 타인의 마음에 둔감하고, 관계를 힘들어하니 주변 사람들과 제대로 된 대화를 해 본 적이 드물었다고 할 수 있죠. 어느 정도였냐 하면 결혼을 전제로 만나고 있던 애인과 대화하다가 본의 아닌 말 때문에 헤어졌던 적도 있으니까요.

만난 지 6개월 정도 되었을 때였습니다. 전날 밤에도 서로 다정하게 통화하다가 잠이 들었고, 그다음 날에도 설레는 마음으로 데이트를 했습니다. 데이트를 마무리하고 각자 집으로 가기 전 아쉬운 마음을 달래기 위해 잠시 카페에 들렀습니다. 그런데 이야기하다 보니 대화의 주제가 좀 이상하게 흘러가서, 그간 서로에게 느꼈던 불편한 점을 말하게 되었습니다. 저는 문제가 있으면 툭 터놓고 이야기한 후 해결하면 된다고 생각해서, 이런 얘기도 잘 마무리할 수 있다고 생각했죠. 그런데 제 말을 들은 애인은 기분이 상했는지 저에게 이렇게 쏘아붙였습니다.

"너랑 사귀는 게 얼마나 힘든지 알아?"

무엇 때문에 이렇게 말했는지 잘 모르겠습니다. 그때도 그랬고, 지금도 마찬가지입니다. 평소부터 쌓인 불만이었는지, 아니면 그날따라 감정이 상해서 한 말이었는지 분명하지 않았습니다. 저로서는 너무 뜬금없다고 느껴졌죠. 애인이 무슨 마음인지 모르겠으면 물어보는 게 당연한데도 저는 이렇게 소리쳤습니다.

"야, 너만 힘든 줄 알아? 나도 힘들어!"

사실 제가 느낀 힘듦은 그리 대단한 것도 아니었습니다. 그저 평범한 연인이라면 누구나 으레 겪기 마련인 문제를 똑같이 겪었을 뿐입니다. 그것 때문에 헤어지려는 생각은 추호도 없었고, 그저 말싸움에서 지고 싶지 않아서 맞받아친 것이었습니다. 아무런 대꾸도 못하면, 모든 게 제 잘못이 될 것 같다는 위기감이 들었기 때문이죠. 애인의 말을 듣고 제가 대꾸하기까지는 불과 1~2초밖에 걸리지 않았습니다. 제 말을 듣자 애인은 기가 막힌다는 듯이 저를 쳐다보더니 곧바로 이렇게 말하더군요.

"뭐? 그럼 헤어지면 되겠네!"

그녀는 이 말을 내뱉고는 등을 돌려 떠났습니다. 쫓아가서 잡아야 하나 잠시 생각했지만, 발걸음이 떨어지지 않았습니다. 왜냐하면 애인도 저 때문에 힘들다고 말했고, 저도 애인 때문에 힘들다고 말했으니까요. 서로 힘든데 굳이 계속 사귀어야 하는지 의문도 들었고, 애인한테 계속 사귀자고 말하기도 어색했습니다.

6개월이나 연인으로 지냈던 사람과 헤어지는 데 걸린 시간은 몇 초밖에 걸리지 않았습니다. 심지어 결혼까지 생각했던 사람인데도요. 카페에 혼자 남겨진 저는 얼마 동안 멍하게 앉아 있었습니다. 지금 도대체 무슨 일이 일어났는지 제대로 파악이 되지 않았죠. 이후 저는 1년 정도 이리저리 방황을 하다가 용기를 내서 다시 그녀에게 연락했고, 결국 결혼에 성공했습니다. 두 아들까지 낳아서 잘 키우고 있죠. 만약 그날 그렇게 헤어진 채로 끝났더라면 어땠을지 생각하면 아찔합니다.

저는 이때 깨달았습니다. 제가 말을 정말 못한다는 사실을 말이죠. 한국에서 태어나 한국말은 하지만, 마음을 주고받는 대화에는 정말 서툴렀죠. 그런데 저만 그런 게 아니었습니다. 여러 사람과 상담을 거치면서, 저는 자신의 마음도 잘 모른 채 아무 말이나 내뱉는 사람들이 정말 많다는 사실을 알게 되었습니다.

"난 네가 불편해!"

"뭐? 나라고 네가 편한 줄 알아?"

이런 대화는 아주 흔하고 일반적입니다. 집단상담에서 이런 대화가 시작되면, 저는 중간에 개입해서 불편하다고 먼저 말한 사람에게 묻습니다. 무엇이 불편한지를 말이죠. 그리고 더 나아가 불편하다는 것이 정확히 무슨 의미인지 확인합니다. 상대와 관계를 맺기 싫다는 것인지, 짜증이나 화가 난다는 것인지, 질투나 샘이 난다는 것인지 등 예시를 여러 개 주면서 물어보기도 합니다. 그리고 더 나아가 왜 이 시점에서 그 이야기를 하는지, 상대가 어떻게 대꾸하기를 기대하는지 묻죠.

하지만 지금 무슨 생각으로 그렇게 말했냐는 질문에 제대로 답변하는 사람은 많지 않습니다. 말하기 전에 주의 깊게 생각하지 않았다는 거죠. 좋은 대화는 함께 마음을 나누며 주고받는 것입니다. 그러면 당연히 자신의 마음을 잘 담아 건네야 하고, 상대에게 어떤 이야기를 하고 어떤 이야기를 하지 말아야 할지 곰곰이 생각해야 합니다.

저의 질문 공세는 먼저 말을 시작한 사람에게만 국한되지 않습니다. 상대의 의중도 제대로 파악하지 않고, 즉각 반사적으로 대꾸한 사람에게도 해당됩니다. 저 사람의 의도가 무엇이라고 생각했는지, 왜 이렇게 반사적으로 말하는지, 이 대화가 어떤 방향으로 흘러갈 것 같은지를 묻죠. 물론 상대방도 마찬가지로 제대로 답하지 못합니다.

이런 경험을 계속 반복하면서 저는 확실하게 깨달았습니다. 생각하고 말하는 사람이 의외로 드물다는 것을요. 혹시 최근에 들었던 말 때문에 기분이 상했던 적 있나요? 상대방이 여러분의 기분을 상하게 할 의도로 말했다고 확신하시나요? 상대의 말은 늘 정확해서 말에 드러난 마음이 전부라고 생각하시나요? 그건 착각입니다. 왜 착각이냐고요? 여러분 역시 언제나 깊게 생각하고 말하는 건 아닐 테니까요. 우리는 '난 그런 뜻이 아니었는데, 저 사람이 오해한 거야'라고 스스로 생각하면서, 정작 상대방은 그렇지 않을 거라고 생각하는 오류를 자주 범합니다. 꼭 기억하세요. 말은 마음을 있는 그대로 전하지 못합니다. 그래서 대화를 잘하려면 차근차근 가려 듣기부터 시작해야 합니다.

내용에만 집중하면 진심을 놓친다

마음을 정확하게 전하지 못한다고 해서 대화를 포기할 수는 없습니다. 대화를 포기한다는 것은 곧 관계를 포기하는 것이고, 나아가 인간의 본질을 포기하는 것이나 마찬가지니까요. 힘들고 어렵더라도, 제대로 대화하는 방법을 배우는 것만이 우리에게 허락된 유일한 선택지입니다. 그리고 그 첫걸음은 '제대로 듣기'부터 시작합니다.

상대의 말을 제대로 들으려면 어떻게 해야 할까요? 말을 이루고 있는 표현 그 자체보다, 말속에 담긴 '마음'을 들어야 합니다. 오해하지는 마세요. 이 법칙은 정서적이고 감정적인 교류를 주고받는 관계에만 적용하셔야 합니다. 강의나 수업, 회사에서의 업무지시처럼 객관적인 사실을 전달하는 상황에서는 말을 표현 그대로 이해해야 하죠. 그러나 가족과 연인, 친구 등 서로에 대한 감정이 얽혀 있는 상대와 대화하다가 '뭔가 이상하다' 싶을 때는 말보다는 마음을 들어 보아야 합니다.

제가 초등학교 3학년 때 일입니다. 여느 때와 같이 안방에서 어머니, 누나와 함께 TV를 보고 있었죠. 어머니는 시계를 보시더니 저에게 돈을 주시면서 식사 준비하게 근처 가게에서 두부 한 모를 사 오라고 하셨습니다. 저는 어머니가 주시는 돈을 들고, 가게로 가서 두부를 샀습니다. 어머니에게 받은 지폐 한 장을 내밀었더니, 주인아주머니는 잔돈을 한 움큼 거슬러 주셨습니다. 집에 돌아온 저는 방에 계신 어머니를 향해 이렇게 말했죠.

"엄마, 두부 사 왔는데 어떻게 해요?"

"부엌에 두고 들어와."

저는 두부를 부엌에 두고 방으로 들어가면서, 어머니가 거스름돈을 달라고 하면 드리기 위해 한 손에 잔돈을 꼭 쥐고 있었습니다. 그런데 방에 들어가니 어머니는 아무 말 없이 계속 TV만 보시더라고요. 저는 이때 어머니에게 거스름돈을 드려야 했지만, 순간 한 줄기 욕심이 고개를 들었습니다. 그래서 저도 모르게 슬쩍 자리에 앉았어요. 그때가 겨울이었던지라 방에는 담요가 깔려 있었는데, 저는 거스름돈을 쥔 손을 말없이 담요 속에 넣었죠. 가슴이 얼마나 콩닥거렸는지! 그러면서 생각했죠.

'어머니는 곧 "어머, 내 정신 좀 봐. 시간이 이렇게 됐네"라면서 밥을 하러 나가실 거야. 식사를 준비하고, 또 먹고 치우느라 정신이 없으시겠지? 그럼 거스름돈에 대해선 까맣게 잊어버리실지도 몰라. 혹시 나중에 "아들, 아까 심부름하고 남은 거스름돈 엄마 줬니?"라고 물어 보시면 "아까 TV 보실 때 드렸어요"라고 대답해야지. 그러면 어머니도 그런 줄 알고 넘어가실 거야.'

초등학생 수준에서 만들어 낼 수 있는 최고의 시나리오라 자부하면서, 저는 담요 안에 감춘 손을 아주 천천히 펴서 거스름돈을 바닥에 내려놓았습니다. 모든 것이 완벽했습니다. 이제 어머니가 시계를 쳐다보신 후, 부엌으로 부리나케 나가시기를 기다렸죠. 담요 안의 거스름돈을 비밀 창고에 옮겨 놓으려고 말입니다. 드디어 어머니가 시계를 쳐다보셨습니다. 저는 너무 기뻤죠. 그런데 어머니는 제 예상과 달리 저를 쳐다보면서 말씀하셨어요.

"아들, 심부름하고 남은 거스름돈 엄마 줬니?"

제 시나리오상 예상되어 있던 질문이었습니다. 문제는 이 질문을 너무 빨리 받았다는 것이었죠. 하지만 당황한 저는 다른 대답은 생각도 나지 않았고, 제가 짜 놓은 시나리오대로 말했습니다.

"아까 TV 보실 때 드렸어요."

말도 안 되는 대답을 듣자, 어머니는 거짓말을 하면 안 된다면서 제가 앉아 있던 담요를 들추셨어요. 그 자리에는 거스름돈이 가지런하게 놓여 있었습니다. 그 모습을 본 어머니는 크게 화를 내기 시작하셨습니다. 평소에도 거짓말과 도둑질은 절대 금지라고 가르치셨거든요. 그런데 아들이 두 가지를 다 어겼으니! 어머니는 아주 무섭게 혼을 내셨고, 저는 크게 뉘우치며 이제부터 정말 말을 잘 듣겠다고 잘못을 빌었습니다. 그 순간 어머니는 제게 이렇게 말씀하셨습니다.

"내가 아들을 키운 게 아니라, 도둑놈을 키웠네. 너 이런 식으로 할 거면 집 나가!"

저는 어린 마음에 이 말이라도 들어야겠다 싶었어요. 그래서 신발을 신으면서 어머니에게 말씀드렸죠.

"네, 안녕히 계세요."

이제 집을 나가야 한다고 생각하니 너무 무섭고 서

러웠지만, 제 잘못이 컸기 때문에 스스로 책임을 져야 한다고 생각했어요. 그래서 인사를 하고 집을 나서려고 하자, 어머니가 이렇게 소리를 지르면서 저를 더 혼내셨습니다.

"이게 어딜! 나가란다고 진짜 나가니!"

저는 순간 혼란스러웠습니다. 어머니 말을 안 들어서 혼이 났으니, 이제라도 어머니 말을 들으려고 결심하고 어머니 말대로 했는데 더 혼이 났으니까요. 사실 지금은 이때 일을 웃으며 떠올릴 수 있지만, 당시에는 무슨 상황인지 이해하지 못했죠.

제가 어릴 때만 하더라도 부모들은 자식을 혼내다가 집을 나가라는 표현을 하곤 했습니다. 그런데 아이들은 부모의 말을 있는 그대로만 듣습니다. 그래서 저는 부모를 대상으로 상담이나 교육을 진행할 때마다 표현을 조심하라고 당부하죠. 하지만 사랑하는 자녀가 속을 썩일 때, 정작 이를 지킬 수 있는 부모는 많지 않습니다. 감정이 격앙되어 나오는 대로 내뱉는 사람이 많죠. 그중 하나가 집을 나가라는 표현입니다.

이처럼, 말은 종종 전하고자 하는 마음과 어긋나곤 합니다. 집을 나가라는 부모들의 말에는 어떤 진심이 숨어 있을까요? 그것은 바로 걱정스러운 마음입니다. 사랑하는 자녀가 잘못된 행동을 뉘우치고 다시는 저지르지 않길 바라니까요. 만약 마음의 전문가가 된 지금의 제가, 어머니에게 같은 말을 들었다면 어떨까요? 그 표현이 정말로 집을 나가라는 뜻이 아니라, '사랑하는 네가 엄마를 속이려 거짓말을 하다니 속상하고 걱정스러워'라는 마음임을 읽어낼 수 있겠죠. 그러면 저는 신발을 신으면서 작별 인사를 하는 대신, 이렇게 말했을 것입니다.

"엄마, 죄송해요. 다시는 거짓말하지 않을게요."

사람들은 감정이 격해지면, 마음을 있는 그대로 표현하지 못합니다. 오히려 속마음과는 다른 말을 내뱉는 경우가 많죠. 그래서 겉으로 보이는 표현에 집중하면 오히려 관계에 악영향을 미치는 경우가 많습니다.

따라서 소중한 사람과 관계를 잘 이어가고자 한다면, 말이 아니라 그 말속에 담긴 마음을 헤아려야 합니다. 별안간 튀어나오는 심한 말이나 짜증 뒤에는 두려움, 아픔, 우울함처럼 여린 감정이 숨어 있습니다. 이 마음을 잘 포착한다면, 사소한 다툼이 큰 싸움으로 이어지는 일은 없을 것입니다.

시각이 달라지면 풍경도 바뀐다

정서적으로 가까운 사이에서 제대로 된 대화를 하려면 직접적으로 드러나는 표현보다는 그 말에 담긴 속뜻, 즉 마음을 들을 수 있어야 합니다. 생각보다 사람들은 자신의 마음을 제대로 표현하지 못합니다. 두루뭉술하거나 정확하지 않은 표현을 사용하는 경우도 있고, 심지어는 마음과 정반대로 말하기도 합니다. 이때 속마음이 아니라, 드러난 표현에 집중하다 보면 대화는 점점 이상해지고 관계는 깨지기 마련입니다.

만약 이 세상 모든 사람이 자신의 마음을 오해 없이 정확하게 전달할 수 있으면 얼마나 좋을까요? 이렇게 된다면 상대의 말을 오해하는 일 없이 편하게 소통할 수 있겠죠. 하지만 이것은 실현 불가능한 소망입니다. 결국 대화와 관계를 포기할 수 없다면 제멋대로 오가는 말속에서 상대의 진짜 마음을 정확히 들을 수 있는 귀를 가져야 합니다.

"너랑 사귀는 게 얼마나 힘든지 알아?"라는 말에 반사적으로 "야, 너만 힘든 줄 알아? 나도 힘들어!"라고 대꾸했다가 갑자기 헤어지게 되었던 애인을 1년 후에 찾아갔습니다. 제 딴에는 상당히 용기를 낸 일이었죠. 다행히 애인은 제 마음을 받아주었고, 결국 결혼하게 되었습니다. 결혼 전에 정말 많이 싸우고 갈등했기 때문에, 결혼하면 덜 싸울 줄 알았습니다. 착각이었습니다. 결혼과 연애는 다른 영역이더라고요.

연애는 무료한 일상을 벗어나 사랑하는 상대를 만나러 가는 일이지만, 결혼은 상대를 나의 일상으로 받아들이는 일입니다. 연애할 때는 서로 즐겁고 좋은 모습만 골라서 보여줄 수 있으나, 결혼을 하게 되면 서로의 짜증 나고 화나는 모습을 계속 보아야 합니다. 연애가 놀이라면, 결혼은 업무인 셈이죠.

특히 아이들을 낳아 기르게 되면 더욱 그렇습니다. 저희 부부도 그랬습니다. 결혼한 다음 해에 첫째를 낳았고, 3년 후에 둘째를 낳았습니다. 둘 다 아들이었죠. 아버지와 함께 보낸 시간이 많지 않았던 저의 어린 시절을 두 아들에게 물려주고 싶지 않아서, 아내뿐만 아니라 저 또한 아이들의 양육에 적극적으로 참여했습니다. 아이들이 어린이집과 학교에 있는 오전에는 상담과 강의 업무를 보았고, 오후가 되면 집으로 돌아와 아이들과 함께 시간을 보냈죠. 그러다가 저녁이 되면 퇴근하고 온 아내와 교대하듯 다시 일하러 나갔습니다.

저나 아내나 모두 고된 스케줄이었죠. 이렇게 힘든 시간을 보낼 때 대부분의 부부는 서로에게 서운함을 느끼기 쉽습니다. 자신은 최대한 애를 쓰고 있는데, 상대가 더 도와주지 않거나 자신의 마음을 알아주지 않는다는 생각이 들 때 더욱 그렇죠. 이렇게 마음이 상한 상태에서는 아주 작은 일에도 큰 갈등과 싸움이 시작됩니다. 이때 아내는 저에게 이런 말을 자주 했습니다.

"너랑 사는 게 얼마나 힘든지 알아?"

앞서 말했듯, 저는 연애할 때도 똑같은 말을 들은 적 있습니다. 다른 점은 '사귀는 게'와 '사는 게'라는 표현일 뿐이죠. 그때 반사적으로 대꾸했다가 이별이라는 아픈 경험을 겪은 적이 있으니, 이번에는 다르게 반응해야 했을 겁니다. 합리적인 인간이라면 말이에요. 하지만 아무런 교훈을 얻지 못한 사람처럼, 저는 똑같이 반응했습니다.

"야, 너만 힘든 줄 알아? 나도 힘들어!"

제 말을 들은 아내는 기가 막힌다는 듯이 저를 쳐다보더니 곧바로 이렇게 말하더군요.

"뭐? 그럼 이혼하면 되겠네!"

아내와 저의 싸움은 늘 이런 식이었습니다. 저는 이때마다 '왜 늘 같은 상황이 반복될까?', '나는 어떻게 반응해야 했을까?' 등 고민하고 또 고민했습니다. 하지만 좀처럼 답이 나오지 않았습니다. 힘들다는 아내의 말이 너무 야속하게 느껴졌습니다. 왜냐하면 저도 너무 힘들었거든요.

요즘이야 아빠들이 자녀 양육에 많이 참여하지만, 제가 두 아들을 키울 때만 해도 그렇지 않았습니다. 낮에 동네 놀이터에 두 아들을 데리고 나가면 괜히 부끄럽고 멋쩍었습니다. 아이들을 놀이터에서 놀게 하고 삼삼오오 모여서 수다를 떠는 부모들은 아빠들이 아닌 엄마들뿐이었으니까요. 제가 낮에 아이들과 함께 놀고 있으면, 동네 사람들은 저를 힐끗 쳐다보곤 지나갔습니다. 직장을 잃고 집에서 쉬면서 어쩔 수 없이 아이들을 돌보는 무능력한 아빠 아니냐는 눈빛이었죠. 집이라고 편하지는 않았습니다. 아이들과 쉴 새 없이 놀아주기 바빴고, 또 아내를 편하게 해주겠다고 요리를 제외한 모든 집안일을 저 혼자 감당하다시피 했으니까요. 이런 상황에서도 저는 군말하지 않았죠. 이런 상황에서 아내가 힘들다고 말하니, 저도 나름대로 억울한 노릇이었습니다.

불행 중 다행일까요. 집에서는 부부 갈등을 해결하지 못해 괴로운 남편이었던 저도, 제 일터인 상담센터에서는 비교적 좋은 평가를 받았습니다. 하지만 이 괴리감이 저를 더욱 힘들게 만들기도 했죠. 타인의 갈등은 해결책이 잘 보이는데, 왜 나의 부부 갈등엔 해결책이 보이지 않는지 고민에 고민을 거듭했습니다. 그러던 어느 날, 집단상담에서 갈등을 해결하던 중에 제가 이런 말을 반복하고 있다는 것을 깨달았습니다.

"본인 입장을 내려놓고 상대 입장에서 생각해 보세요."

순간 '아차!' 싶었습니다. 내담자들에게 입이 마르고 닳도록 강조하는 해결책을 정작 제가 놓치고 있었으니까요. 제가 부부 갈등을 잘 해결하지 못하는 이유가 바로 이것 때문이라는 생각이 들었죠. 저를 찾아온 내담자들이 그렇듯 저 역시 제 입장에만 매몰되어 있었던 것입니다. 거기까지 생각이 미치자, 저는 내담자들에게 권하는 것처럼 제 입장을 내려놓고 아내의 입장을 생각해 보았습니다.

아내는 아침에 일어나자마자 두 아들과 저를 위해서 아침 식사를 준비하고, 화장을 한 뒤 부리나케 직장에 달려가 온종일 일을 했습니다. 저녁에 집에 돌아오면 남편은 기다렸다는 듯 일하러 나가버리고, 두 아들의 숙제와 준비물은 또 자신의 몫이 되죠. 그 밖에도 아내는 저녁 식사를 준비하고, 아이들을 씻기고, 책을 읽어주며 재우기까지 해야 했습니다. 이 무렵 저녁 업무를 끝내고 돌아오면, 아이들을 재우다가 자신도 잠들어버린 아내의 얼굴을 보는 일이 다반사였습니다. 그러자 자연스레 아내도 너무 힘들었겠다는 생각이 들었습니다.

이렇게 내 입장을 내려놓고 상대 입장에서 생각해 보니 아내가 싸울 때마다 저에게 했던 말이 다르게 느껴지기 시작했습니다. "너랑 사는 게 얼마나 힘든지 알아?"라고 말은 하지만, 그게 저를 비난하기 위한 말이 아니라 자신의 힘듦을 하소연하는 말일 수도 있겠다는 생각이 들었죠.

머잖아 아내와 또다시 말다툼을 했습니다. 아내는 이번에도 저와 사는 것이 힘들다고 이야기했죠. 예전 같으면 내 입장만 생각하고는 울컥하며 쏘아붙였겠지만, 이때는 달랐습니다. '나 너무 힘들어'라는 아내의 마음이 들리더라고요. 그래서 저는 걱정스러운 마음으로 이렇게 대답했습니다.

"당신 힘들어? 마음 터놓고 얘기하자."

이 말을 들은 아내가 어떻게 반응했을 것 같나요? 만약 영화나 드라마였다면, 이 한마디로 모든 갈등이 해소되어 해피 엔딩으로 끝났겠죠. 하지만 현실은 다릅니다. 제가 부드럽고 배려심 깊게 반응했다고 해서, 아내의 감정이 눈 녹듯 풀리는 일은 없었습니다. 아내는 여전히 퉁명스런 목소리로 대답했습니다.

"됐어. 너랑 할 얘기 없어."

그러나 그렇게 말하는 아내의 태도는 확실히 누그러져 있었습니다. 제가 "그럼 이혼하면 되겠네!"라고 대답했을 때의 반응과는 천지 차이였죠. 흥분한 감정이 잦아드는 데 아직 시간이 조금 필요해 보였지만, 대화의 여지가 남아있는 듯했습니다. 아니나 다를까, 제가 현관을 나설 때쯤엔 짤막하게 잘 다녀오라며 배웅도 해 주더라고요.

저는 그날, 말이 아니라 마음을 듣는 일이 얼마나 중요한지 깨닫게 되었습니다. 내 입장에서만 생각했을 때는 들리지 않는 속마음도, 상대방의 입장에서 생각하면 얼마든지 들을 수 있습니다. 갈등을 풀기 위해선 바로 그 마음에 대꾸해야 합니다. 그러면 순간의 감정에 휘둘리지 않고 관계를 지킬 수 있습니다.

화난 사람은 반대로 말한다

그날 이후 저는 상대와 입장을 바꾸어 생각하기 시작했고, "너랑 사는 게 얼마나 힘든지 알아?"라는 아내의 말에서 '나 요즘 너무 힘들어'라는 마음을 읽기 시작했습니다. 그래서 "당신 힘들어? 마음 터놓고 얘기하자"라고 화해의 시그널을 보냈죠.

하지만 아내의 대답은 여전히 냉담했습니다. "됐어. 너랑 할 애기 없어"라면서 말이에요. 하지만 아내에게 정말 얘기할 마음이 없는 걸까요? 아닙니다. 할 이야기, 하고 싶은 이야기, 해야 할 이야기는 있지만 단지 흥분이 가라앉지 않았을 뿐입니다.

화났을 때 사람들은 말을 제대로 하지 못합니다. 하고 싶은 말은 많지만, 자신의 속마음을 제대로 전달하기 어려울 것 같아서 말하기를 포기하는 사람도 많습니다. 혹은 "헤어져!", "이혼해!" 등 관계를 단절하자는 말을 홧김에 내뱉거나, "연락하지 마", "생각할 시간을 갖자", "저리 가" 등 상대를 거부하는 말을 하기도 합니다. 아니면 이보다 더 적극적으로 상대를 공격하는 말, 즉 상대에게 모욕감과 수치심을 주는 표현이나 욕설을 하는 사람도 있죠.

화가 난 사람들은 왜 이렇게 말할까요? 처음 본 사람도 아니고, 연인이나 친구 혹은 가족처럼 평소 사이도 좋았고, 계속 얼굴 보며 살아야 하는 관계인데도 말이에요. 그냥 말싸움으로 끝나면 차라리 다행입니다. 이런 상황에서 무심코 주고받은 한마디가 서로에게 평생토록 한이 되는 마음의 상처를 남기기도 하니까요. 정말 최악의 경우, 물리적 폭력으로 이어지거나 정말로 관계를 끊어버리는 경우도 있습니다.

화난 사람들이 언행을 조절하지 못하는 것은 편도체의 영향 때문입니다. 앞에서도 설명했듯 감정이 일정 수준 이상으로 치솟으면 대뇌피질이 힘을 잃고 편도체가 주도권을 잡습니다. 다시 말해 화난 순간 사람의 뇌는 논리적이고 이성적 판단 대신 즉흥적이고 감정적인 판단을 내리게 됩니다. 시간이 지나고 감정이 가라앉은 후, 자신이 화난 채 내뱉었던 말을 후회하게 되는 것도 바로 이 때문입니다.

이러한 사실을 알고 있으면 상대의 진심을 듣는 데 도움이 됩니다. 상대가 감정적으로 불안정한 모습을 보일 경우, 편도체의 영향력이 강해진 상태라고 판단할 수 있죠. 이럴 때 내뱉는 말은 진심이 아닙니다. 오히려 그 말을 반대로 이해하면 상대의 진심을 정확히 알 수 있죠.

"너랑 사귀는 게 얼마나 힘든지 알아?"	→	"너랑 사귀는 건 좋아. 그런데 힘든 부분도 있어."
"저리 가!"	→	"내 옆에 있어 줘!"
"우리 헤어져."	→	"날 잡아줘."
"넌 날 이해 못 해!"	→	"나 좀 이해해줘."

물론 주의할 점도 있습니다. 상대방의 말을 무조건 반대로 들어서는 안 됩니다. 만약 상대가 화나지 않은 상태에서도 같은 말을 지속적으로 한 적 있다면, 그건 감정과 무관하게 진심이라고 간주해야 합니다. 만약 상대가 지속적으로 헤어지자 말하고, 만남을 거부하는데도 계속 따라다니거나 이별을 거부하면서 괴롭힌다면 스토킹 범죄가 되겠죠. 이때는 상대의 뜻을 존중하고 받아들일 수도 있어야 합니다.

제가 드리는 조언은 어디까지나 '가까운 사이에서, 화났을 때 즉흥적으로 내뱉는 말'에만 적용해 주세요. 무조건 상대의 말이 진심과 반대라는 것이 아니라, 평소에는 사이가 나쁘지 않다가 화가 났을 때 하는 한두 번의 말은 진심과 반대일 수 있다는 것입니다. 그렇지 않은 경우엔 상대방의 말을 있는 그대로 듣고 존중해 주세요. 우리는 상대의 마음을 제대로 파악해서 서로 소통하고 관계를 맺고 싶은 거지 상대방에게 불안감 또는 공포심을 일으키고 싶은 것은 아니니까요.

사람들이 화가 났을 때 진심과 반대로 말하는 이유

를 조금 더 자세히 설명해 보겠습니다. 인간의 감정엔 오르락내리락하는 경향이 있습니다. 기분이 좋았다가 나빴다가, 웃었다가 울었다가, 즐거웠다가 슬펐다가를 반복하죠. 그런데 이런 감정 기복에는 독특한 특징이 있습니다. 어떤 감정이 발생했다가 사라지고 나면 아무 감정 없는 중립 상태가 되는 게 아니라, 처음 느낀 감정과 상반되는 감정을 느낀다는 것이죠. 마치 뜨거운 물에 손을 담갔다가 미지근한 물에 담그면 차갑게 느껴지는 것처럼요. 이를 '대립과정이론opponent-process theory'이라고 합니다.

예를 들어 보죠. 정말 사랑하는 애인이 갑자기 다른 사람을 사랑하게 되었다며 갑작스러운 이별을 고한다면, 어떤 감정이 드나요? 어이없고 화가 나겠죠. 사랑하는 마음이 사라졌다고 해서 아무런 감정도 들지 않는 게 아니라, 사랑했던 만큼 미워하는 감정이 생긴다는 말입니다. 기대가 크면 실망이 크다는 말이나, 친구들과 왁자지껄 떠들며 놀다가 헤어지고 집에 혼자 돌아오면 왠지 모를 우울감이 밀려드는 것도 모두 같은 이치입니다.

이처럼, 화가 나면 가까운 상대에게 가지고 있던 긍정적인 감정이 순간적으로 사라집니다. 그 자리는 부정적인 대립 감정이 채우게 되죠. 평소에 좋아했던 만큼 화가 나는 겁니다. 그래서 평소의 좋은 관계에선 찾아볼 수 없었던 "너 때문에 못 살겠어", "내 인생에서 사라져 줘", "네가 모든 걸 망쳤어" 같은 말이 나오는 겁니다.

또 다른 이유는 '양가감정' 때문입니다. 양가감정이란 어떤 사람이나 사건, 상황에 대해서 동시에 상반되는 두 감정이 드는 것을 의미합니다. 누군가를 너무 좋아하지만, 좋아할수록 그 사람을 잃을까 두려운 마음이 가장 대표적이죠. 반대도 가능합니다. 너무 미운데, 그 미워하는 마음이 사실은 좋아하는 마음의 다른 측면일 때가 있습니다.

이렇게 양가감정이 생길 때, 사람들은 자신의 감정을 있는 그대로 받아들이기 어려워 합니다. 자기 마음이 무엇인지, 어떻게 행동해야 할지 혼란스럽기 때문이죠. 이럴 때, 사람은 오히려 긍정적인 마음보다 부정적인 마음을 겉으로 내보이는 경우가 많습니다. "나를 사랑해줘", "너와 잘 지내고 싶어" 대신 "네가 너무 싫어", "너와 멀어지고 싶어"라고 말하는 거죠. 특히 상대에게 화가 났을 때처럼 감정이 요동치는 경우엔 더욱 그렇습니다. 이처럼 마음과 반대로 말하거나 행동하는 것을 가리켜 '반동형성reaction formation'이라고 합니다.

여러분은 어떠신가요? 화가 났을 때, 상대에게 진심과 반대로 말하고 후회한 적이 있진 않으신가요? 어쩌면 여러분에게 화를 내는 사람도 이와 똑같은 마음일지도 모릅니다. 그러니 화가 났을 때 하는 말을 곧이곧대로 듣지 말고, 그 반대편에 놓인 진심을 파악하려 노력해 보세요.

오해가 생겼다면 그대로 둬라

사람들은 종종 화가 나면 극단적인 말을 합니다. 가족이나 친구, 애인이나 배우자처럼 가까운 상대에게 모욕감을 주기도 하고, 관계를 끝내자고 말하기도 합니다.

"너랑 결혼한 걸 정말 후회해! 이혼하고 싶어"

"네가 이런 사람인 줄 몰랐어."

"널 평생 저주할 거야."

"내가 너 같은 걸 낳았다니. 넌 이제 내 자식 아니야!"

"내가 아는 사람들 중에 네가 제일 최악이야."

글로 써 놓았을 뿐인데도 정말 섬뜩하고 충격적이죠. 아무리 화가 났다고 해도, 또 진심이 아니라고는 해도 이런 말을 했다는 것 자체를 용납할 수 없다는 사람도 많습니다. 그래요, 충분히 이해합니다. 말에 맞아 생긴 상처는 칼에 맞아 생긴 상처보다 더 깊고, 오래가기도 하니까요.

하지만 다시 생각해 보세요. 과연 여러분이 평소 알고 있던 상대방은 이런 말을 할 사람이었나요? 그 사람과 자신의 관계가 그렇게 공격적이고 적대적인 관계였나요? 아마 아니었을 겁니다. 그렇다면 상대의 말을 사전적인 의미 그대로 풀이하지 말고, 평소 관계를 고려하며 받아들여야 합니다.

하루는 후배 한 명이 인간관계 문제로 저를 찾아와 하소연한 적이 있습니다. 그 후배는 평소 시댁과 남편, 자식 때문에 고민이 많았기에, 당연히 이번에도 가족에 관한 이야기일 거라고 생각했죠. 그런데 그날은 달랐습니다. 평소 자신과 친한 친구와 다투었다며 한숨을 푹 쉬었죠.

사정은 이랬습니다. 시댁 일로 스트레스를 받고 있

던 후배가 평소 자신을 잘 위로해주던 친구를 만났습니다. 반갑게 이야기를 나누다 보니 시댁 이야기가 나와, 자신의 이야기를 털어놓으며 위로를 받으려 했다는군요.

"넌 명절에 별일 없었어? 난 말이야, 이번에도 시댁에서 진짜 열받았잖아."

그러자 평소 같으면 "그래? 무슨 일이었는데?"라고 호의적으로 반응하던 친구가 그날은 시큰둥한 얼굴로 있다가 이렇게 말했다고 합니다.

"너 힘든 건 아무것도 아니야. 난 요즘…."

평소 군말 없이 잘 들어주던 친구가 이렇게 말하면서 되려 자신의 이야기를 하려고 하자, 후배는 어쩐지 기분이 상했답니다. 그래서인지 '너 힘든 건 아무것도 아니야'라는 친구의 말에 꽂혀서 이렇게 반응했다고 하네요.

"나 힘든 건 아무것도 아니라고? 내가 힘든 거 무시하니! 너보다 내가 더 힘들거든!"

이 말을 들은 친구도 언성을 높여서 "왜 소리를 지르고 그래!"라고 되받아쳤고, 결국 이 20년 지기 친구들은 심하게 싸우고 헤어졌다고 합니다. 그날 이후로 서로 연락을 하지 않았다고 했죠.

뭐 이런 일로 싸우나 싶지만, 사실 이런 일은 우리 주변에 비일비재합니다. 누군가와 친해지고 관계를 쌓는 일은 오랜 시간이 걸리지만, 사소한 오해나 우연히 시작된 말다툼으로 관계가 깨지는 일은 그야말로 순식간이죠. 후배는 그날 있었던 일을 이야기하면서 저에게 의견을 물었습니다. 당시엔 너무 당황스럽고 화가 나서 다시는 연락하고 싶지 않다고 생각했으나, 시간이 지나면서 그간의 우정이 너무 아쉽게 느껴졌기 때문이죠.

저는 후배에게 물었습니다. '너 힘든 건 아무 것도 아니야'라는 친구의 말에 왜 그렇게 화가 났는지를요. 후배는 친구가 자신의 힘듦을 무시했기 때문이라고 말했습니다. 그렇게 받아들이는 것도 이상한 건 아닙니다. 그런데 제 생각은 좀 달랐습니다. 저는 오히려 친구가 제 후배를 위로하려고 던진 말일 수 있겠다고 생각했죠.

그 이유는 우리나라 사람들이 위로하는 말을 잘 못하기 때문입니다. 특히 가까운 상대일수록, 우리나라 사람들은 말보다 행동을 통해 힘이 되어주려는 경향이 강합니다. 여러분은 어떠신가요? 위로하는 말에 능숙하신가요? 예를 들어, 친한 친구의 어머니가 돌아가셨다고 합시다. 외동자식이었던 친구는 일찍 아버지를 여의고, 어머니와는 서로 의지하면서 힘든 시간을 버텨낸 사이죠. 친구는 전부터 연로하신 어머니가 돌아가시면 자신이 세상에 홀로 남겨지는 기분일 것 같다고 전부터 걱정하고 있었습니다. 이 때, 여러분은 문상을 가서 친구에게 어떻게 위로하겠습니까?

A. "어떡하면 좋니. 정말 속상하고 힘들겠다"면서 위로의 말을 건넨다.

B. 아무 말 없이 친구를 안아주고, 함께 울어준다.

아마 많은 분이 A보다는 B를 택할 것입니다. 우리나라 사람들은 말보다는 행동이 더 중요하고 의미 있는 표현이라고 생각하기 때문이죠. 그래서일까요, 위로하는 말을 해야 하는 순간에 어떤 표현을 사용하면 좋을지 감을 잡지 못하는 사람이 많습니다. 그러다 보니 상대가 오해할 수 있는 다소 어설픈 말을 하기도 하는데요, 그중 하나가 '비교'의 표현입니다.

아직도 생각나는 고등학생 시절 기억이 있습니다. 제 앞자리에 언제나 전교 10등 이내에 드는 친구와 늘 반에서 꼴찌를 하는 친구가 짝꿍이 되어 앉은 적이 있었습니다. 기말고사 성적표를 배부하는 날, 공부를 잘하는 친구는 성적표를 받고 속상한 듯이 책상에 엎드려 있었죠. 짝꿍은 그 친구에게 왜 그러냐고 물었고, 친구는 전교 10등 밖으로 밀려났다면서 속상해하며 대답했습니다. 게다가 이 친구의 부모님은 자식에 대한 기대가 커서, 전교 10등 밖으로 밀려나면 크게 혼을 내시는 분이었죠. 그러자 짝꿍은 너무 속상해 하는 친구를 위로해 주고 싶었는지 이렇게 말을 하더군요.

"나에 비하면 넌 아무것도 아냐. 난 이번에도 꼴등이란 말야."

사실 냉정히 말해 이는 별로 좋은 위로법이 아닙니다. '나도 불평 않고 있으니까, 너도 가만히 있어'라고 들릴 수 있으니까요. 그런데도 우리 주변에는 비교의 표현으로 상대를 위로하려는 사람이 많습니다. '넌 나보단 낫잖아', '최악은 아니니까 괜찮아' 같은 표현으로 말이죠. 그럼에도 불구하고 이러한 위로를 듣고 기운을 차리는 이유는, 이 표현 자체가 좋아서라기보단 그렇게 말해주는 상대방의 마음이 좋아서일 것입니다. 제 친구의 우울했던 마음도, 짝꿍이 지은 해맑은 표정에 사르르 녹아버렸으니까요.

저는 후배에게 이런 이야기를 들려주면서, 어쩌면 그 친구는 어설픈 방식으로나마 위로해 주려던 걸지도 모른다고 말했습니다. 왜냐하면 후배의 친구는 "너 힘든 건 아무것도 아니야"라고 말한 뒤, 이어서 자신의 이야기를 말하려고 했기 때문이죠. 자신의 이야기를 털어놓으며 위로해 주려던 것일 수도 있잖아요? 제 이야기를 듣더니 후배는 진짜 위로하려던 건지 알 수 있는 방법이 있냐고 묻더군요.

앞서도 말했듯, 우리나라 사람들은 마음을 말로 표현하는 것을 어색해하는 경우가 많습니다. 그래서 상대의 진심을 알고 싶다면, 당장 오간 말보다는 평소 관계를 눈여겨봐야 합니다. 후배는 분명히 말했습니다. 친구는 그동안 자기가 힘들 때마다 이야기를 들어주면서 위로를 해 주었다고 말이죠. 그러니 제 후배도 또다시 친구를 만나서 이야기를 털어놓은 것이겠죠. 저는 후배에게 이렇게 말해 주었습니다.

"표현보다도 평소 관계를 봐야 해. 아마 그 친구는 그날도 여느 때와 같이 너를 위로해 주려고 그랬을 거야. 물론 표현만 보자면 부적절한 감이 없지 않지만 말이지."

"그런데 선배, 그 친구는 제가 화냈을 때 저에게 '왜 소리를 지르냐'라면서 같이 화냈잖아요. 만약 그 친구가 저를 위로하려던 거라면 이 상황에서 다르게 행동해야 하지 않았을까요?"

"그래, 물론 그랬다면 좋았겠지. 하지만 상대가 화를 내면 자신도 같이 화내는 것이 일반적인 반응 아닐까? 그 친구는 자기 말을 끝까지 들어보지 않고, 네가 화를 내니 당황스럽고 기분이 나쁘기도 했겠지."

후배는 제 이야기를 듣고 곰곰이 생각해 보더니, 친구에게 한 번 연락해 봐야겠다고 말했습니다. 그리고 얼마 후 후배에게 연락이 왔습니다. 저에게 고맙다고 하더군요. 친구도 자신의 연락을 기다리고 있었고, 그 날 일도 모두 자기를 위로하려던 말이 맞았다면서 말이죠. 그 친구도 그날따라 감정적으로 싸우고 돌아선 뒤, 상대가 오해할 수 있겠다는 생각에 아차 싶었다고 합니다. 하지만 도저히 용기가 나지 않아 연락도 못 하고 있었다더라고요.

이런 사례를 자신의 상황에도 적용해 보세요. 만약 평소에도 부부 사이가 나빴고, 어느 한쪽이 꾸준하게 이혼을 요구했다면 싸울 때 나온 "이혼하자"라는 말은 진심일 수 있습니다. 하지만 평소 사이가 나쁘지 않았다면, 싸울 때 나온 "이혼하자"라는 말은 진심이 아닐

가능성이 높습니다. 진심이 아닌 말에만 반응해서 친구와 갈라서고, 연인이나 배우자, 혹은 부모 자녀가 갈라선다면 얼마나 안타깝고 어처구니없는 일이겠습니까? 이런 일이 일어나게 하지 않기 위해서는 말 대신 마음을 들어야 합니다. 마음이 잘 안 들린다면, 평소 관계를 떠올려 보세요. 여러분은 이미 답을 알고 있을 겁니다.

혼자 넘겨짚고
상처받지 마라

이처럼 귀에 꽂히는 말보다 말속에 담긴 상대의 마음, 즉 진심을 들어야 제대로 된 대화가 가능합니다. 대화란 상대와 함께 마음을 나누는 것이니까요. 이를 위해 저는 앞에서 상대 입장에서 생각해 보고, 평소 관계를 돌이켜 보라고 조언했습니다.

하지만 지금까지 소개한 모든 방법을 활용해도 상대의 진심을 파악하기 어려운 경우도 있습니다. 도대체 상대가 왜 저런 말을 했는지, 그속에 숨겨 두고 있는 마음은 무엇인지 도통 감이 잡히지 않을 때가 있죠.

한때 상담센터를 찾았다가 문제가 해결되어 상담을 종결했던 내담자 혜은 씨가 어느 날 갑자기 연락을 주었습니다. 급히 상담을 받을 수 있냐는 요청이었죠. 그래서 저는 비어 있는 시간 중 가장 빠른 시간을 알려주었습니다. 약속한 시간이 되자 혜은 씨가 상기된 얼굴로 상담실로 들어왔습니다.

"선생님, 저 너무 힘들어요. 남자 친구랑 헤어졌어요."

"네? 무슨 일이에요?"

혜은 씨네 커플은 워낙 사이가 좋아 평소 주변 사람들의 부러움을 사던 터라, 저 역시 이 말을 듣고 놀라지 않을 수 없었습니다. 듣자 하니 혜은 씨의 남자 친구는 약속 시간을 잘 지키는 편이 아니었다고 합니다. 30분은 기본이고, 심하면 1시간 이상씩 늦기도 했죠. 이 때문에 혜은 씨는 남자 친구에게 불만을 가지고 있었고, 예전 상담에서 이를 털어놓기도 했습니다. 하지만 남자 친구가 성인 ADHD라는 진단을 받게 되었고, 또 늦을 때마다 본인도 매우 미안해하니 내담자도 이해하려고 노력했습니다. 그런데 어느 날은 약속 시간에 1시간이나 늦어 놓고도 전혀 미안해하지도 않더랍니다. 그래서 내담자가 "너무하다"라고 말했더니 남자 친구가 난데없이 "헤어지자"라고 했다는군요.

"'너무하다'라고 했는데, 그렇게 말했다고요? 또 다른 말은 안 했어요?"

"네, 다른 얘기는 없었어요. 너무하다고 했더니, 별안간 헤어지자고 했어요.

"그럼 남자 친구의 말에 본인은 어떻게 반응했어요?"

"너무 화나고 어이가 없어서 '알았어. 헤어져!'라고 말하고 집으로 왔어요."

상담을 통해 좋은 대화의 중요성과 방법을 배운 혜은 씨가 이런 식으로 대화를 했다니, 저는 다소 당황스러웠습니다. 하지만 이는 사실 혜은 씨의 부족함 때문에 생기는 일이 아닙니다. 정서적으로 가까운 사람과 대화할 때 제대로 대화하기가 이만큼이나 어렵다는 증거죠.

저는 갑작스러운 이별에 놀란 혜은 씨와 하나씩 이야기를 풀어갔습니다. 갑자기 헤어지자고 말한 남자친구의 진심이 무엇인 것 같은지, 남자 친구의 입장에서 생각해 보라고 권했죠. 그리고 그 사람의 평소 행동은 어땠는지도 묻고, 헤어지자는 이야기를 이번에만 했는지 전에도 했는지 물었죠. 여러 이야기를 나눈 결과, 혜은 씨와 저는 남자 친구의 진심을 다음과 같이 추측해 보았습니다.

- 여자 친구가 마음에 들지 않아 평소 헤어지고 싶은 마음이 있었는데, 이 날 즉흥적으로 말해버렸다.
- 개인적으로 힘든 일이 있어서 연애를 지속하기 어렵다고 판단해 헤어지자고 했다.
- 여자 친구가 자신에게 지치는 것처럼 보였고, 결국 자신을 떠날 것 같은 불안에 먼저 이별을 통보했다.
- 워낙 짓궂은 사람이라 그날도 여자 친구의 반응을 보기 위해서 장난을 쳤다.

하지만 이 중 어느 것도 확신하긴 어려웠습니다. 그래서 저는 특단의 조치를 내렸습니다.

"정말 상대방의 진심을 알 수 없을 때 사용하는 방법이 있어요."

"그게 뭐에요?"

"직접 물어보기에요. 전문용어로는 현실검증이라고 하죠. 한번 남자 친구에게 연락을 해보세요. 그래서 가능한 직접 만나서, 헤어지자는 말을 했을 때 어떤 마음이었는지 물어보세요."

사람은 누구나 심리적 문제를 가지고 있습니다. 누구나 어느 정도는 우울하고 불안하며, 자신만의 잘못된 생각에 빠지기도 하죠. 의학적으로는 이것이 심한 정도에 따라 차이를 두어, 아주 심각하면 정신병psychosis, 덜 심각하면 신경증neurosis으로 구분합니다. 그렇다면 이 둘을 구분하는 심각함의 기준은 무엇일까요? 바로 스스로 현실검증reality testing이 가능한지 여부입니다. 현실검증이란 사실(외적 현실)을 객관적으로 파악해서 내 생각(내적 현실)이 이와 맞지 않을 경우 바로잡는 것을 의미합니다. 상황을 제3자의 눈으로 돌이켜 보면서 '혹시 내가 오해하고 있는 건 아닐까?'라는 질문을 던져 보는 것이죠.

그런데 심리적 문제가 심각할 경우 아무리 객관적 사실을 알려 줘도 이를 수용하지 않습니다. 이것이 심해지면 망상증으로 발전합니다. 이런 사람들은 증거가 차고 넘쳐도 결코 자신의 생각을 수정하지 않죠. '국정원에서 나를 미행한다', '배우자가 외도를 한다'라고 믿는 사람에겐 CCTV나 배우자의 휴대폰 기록 등 객관적 물증을 보여 줘도 '조작된 증거다', '나 몰래 지웠을 거다'라면서 받아들이지 못합니다. 이러다 보면 최악의 경우 폭력까지 휘두를 수도 있습니다.

이렇게 극단적인 경우가 아니더라도 많은 이들이 자신이 만들어낸 생각에 갇혀서 살고 있습니다. 그래서 심리학자들은 내담자가 타인과의 관계 속에서 상대의 마음을 지레짐작하며 힘들어할 때, 상대에게 허심탄회하게 물어볼 것을 제안하곤 합니다. 정말 상대방이 내가 추측한 것처럼 생각하고 있는지 검증해 보자는 것이죠. 저도 혜은 씨에게 이러한 제안을 했고, 혜은 씨는 고민 끝에 승낙했습니다. 며칠 후 혜은 씨로부터 전화가 왔습니다.

"선생님, 오늘 선생님 말씀대로 남자친구와 만나서 이야기를 나눴어요. 만나기 전에도 너무 긴장됐고, 막상 만나서도 말을 어떻게 해야 할지 몰라서 망설였는데 남자 친구가 먼저 이야기를 꺼내더라고요. 선뜻 연락해 줘서 고맙고, 그날 그렇게 말해서 미안하다고요."

"남자 친구도 연락을 기다린 것 같네요?"

"네, 그랬다고 하더라고요. 자기가 먼저 헤어지자고 했으니 다시 연락하기는 어려웠대요. 그때 왜 헤어지자고 말했는지 물었더니, 자기가 저를 너무 힘들게 하는 것 같아서 그랬대요. 이렇게 계속 실망만 시키니, 자기는 좋은 남자 친구가 될 수 없겠다는 생각이 들었다는 거예요. 그래서 헤어지자고 했대요. 사실 그날도 그런 이야기를 하려고 만나자 했는데, 제가 '너무하다'며 짜증을 내니 자기도 그냥 먼저 헤어지자는 말부터 내뱉었다고 하더라고요."

"그랬군요. 그래서 뭐라고 대답했나요?"

"저도 물론 남자 친구 때문에 힘든 부분이 있지만, 그렇다고 헤어지고 싶지는 않다고 했어요. 정말 나를 위한다면 그 말 취소하라고 했죠. 그랬더니 취소한대요!"

"잘됐네요. 안 물어보고 그대로 헤어졌으면 큰일 날 뻔 했네요."

만약 혜은 씨가 현실검증을 시도해 보지도 않았다면 어떻게 됐을까요? 남자 친구의 갑작스러운 이별통보를 곧이곧대로 받아들였겠죠. 재결합하는 일은 꿈도 못 꾸고, 혼자서 끌어안은 채 끙끙대며 힘겨워했을 겁니다. 혹은 자신을 떠나간 남자 친구를 미워하고 원망하거나, 전부 내 잘못이라며 자기 자신을 괴롭혔을 수도 있고요. 사실 그럴 만한 일이 전혀 아니었는데도 말이에요.

이처럼 현실검증은 불필요한 오해를 막고 위기에 빠진 관계를 구출하는 좋은 방법 중 하나입니다. 우리는 종종 내 눈에만 보이는 모습에 사로잡혀, 상대방의 속내를 혼자서 넘겨짚고는 무턱대고 화를 내거나 마음 아파합니다. 정작 상대방이 어떻게 생각하고 있는지는 전혀 모르는 채로 말입니다. 오랜 기간 사랑으로 맺어온 가족이나 연인, 친한 친구 사이의 관계가 이런 어이없는 오해 때문에 멀어진다면 얼마나 안타깝겠습니까?

그러니 상대가 무슨 생각으로 그랬는지 긴가민가하나면, 적당한 시간이 지나 흥분이 가라앉았을 때 솔직하게 물어보세요. 그때 그 말이, 그때 그 행동이 무슨 뜻이었는지 말이에요. 그것이 자신에게는 어떻게 느껴졌는지를 차분하고 참을성 있는 말투로 전달한다면 더욱 좋습니다. 그러면 여러분의 오해가 풀릴 뿐만 아니라, 상대방의 오해도 함께 풀 수 있겠죠.

인간관계에는 이렇게 꾸준한 유지보수가 필요하다는 사실을 꼭 기억하세요. 아무런 오해도 생기지 않는 관계는 없습니다. 오직 오해를 잘 풀어나가는 관계와 그렇지 못한 관계만이 있을 뿐입니다.

불편한 조언에
센스 있게 대처하는 법

이처럼 상대가 한 말의 속뜻이 무엇인지 감을 잡을 수 없다면 정중히 물어보는 것이 좋습니다. "지금 하신 말은 무슨 의도로 하신 건가요?"라고 말입니다.

이런 질문은 친구, 연인, 가족 등 정서적인 친밀함이 뒷받침된 관계에서 특히 요긴합니다. '우리의 소통이 잠시 어긋나 있고, 이를 되살려 다시 사이좋게 지내고 싶다'라는 의도를 상대방도 알아챌 수 있기 때문이죠.

하지만 이런 식의 질문을 모든 상황에서 사용하기는 현실적으로 어렵습니다. 특히 직장 내의 상하 관계나, 처음 만나 서먹한 사이 같은 경우엔 말이죠. 왜냐하면 우리나라 사람들은 상대의 속마음을 직접 묻는 것이 예의에 다소 어긋나는 일이라고 생각하기 때문입니다. 직접적인 소통보다 눈치껏 상대의 마음을 알아차려야 하는 간접적이고 비언어적인 소통을 중요시하죠. 개인의 생각보다는 집단 속에서의 눈치를 중요하게 여기는 집단주의 문화의 영향입니다.

그렇다면 이처럼 속마음을 직접 물어보기 껄끄러운 관계에서, 상대의 말에 담긴 의도를 파악하지 못해 난감할 때는 어떻게 해야 할까요? 저를 찾아왔던 현지 씨의 사례를 통해 설명해 보도록 하겠습니다.

현지 씨는 시어머니 때문에 힘들다면서 상담실 문을 두드렸습니다. 현지 씨의 남편은 외동아들이었고 소위 잘나가는 변호사였습니다. 어렸을 때 아버지가 돌아가셔서, 어머니가 아들을 홀로 키워내셨죠. 남편은 어머니가 혼자 고생하시는 모습을 보면서 자랐기 때문에, 어머니의 고생에 보답이라도 해드리려는 요량으로 질풍노도의 청소년기에도 반항하는 일 없이 그저 공부에만 매달렸습니다. 아들의 좋은 성적은 어머니의 유일한 기뿐이었죠. 이 착한 아들은 결국 변호사가 되었답니다.

현지 씨는 결혼 전부터 주변에서 걱정 어린 충고를 많이 들었다고 합니다. 홀어머니 밑에서 귀하게 자란 외동아들과 결혼하면 시어머니의 간섭과 견제가 만만치 않을 거라면서요. 마침 현지 씨도 그 점을 고민하고 있었습니다. 그런데 놀랍게도 남편은 결혼 전부터 자신은 어머니로부터 완전히 독립해 아내 편에 설 것이라고 말했고, 결혼 후에 그 말을 굳게 지켰습니다. 신혼집에서 어머니를 모셔야 한다느니, 어머니를 자주 찾아뵈어야 한다느니 등의 요구도 일절 없었죠. 명절에 어머니를 모셔 와서 며칠씩 머무르게 하지도 않았습니다. 명절 당일 어머니 댁에 들러서 식사만 한 끼 할 뿐이었습니다. 물론 본인은 어머니에게 자주 전화를 드리면서 안부를 묻는 등 아들로서 도리를 다했지만, 이를 현지 씨에게 강요하는 일은 없었습니다.

예상과는 다른 결혼 생활에 현지 씨는 안심하면서도 처음엔 조금 눈치가 보였다는군요. 하지만 시어머니도 며느리에게 굳이 이래라저래라하는 분이 아니었던지라 그럭저럭 잘 지냈다고 합니다. 친딸처럼 아주 살

가운 사이도 아니고, 그렇다고 아예 소원한 사이도 아닌 관계로 말이죠. 그런데 어느 날 시어머니가 현지 씨에게 전화를 했다고 합니다.

"요즘 아범이 힘들다고 하더라. 너도 바쁘다며? 둘 다 건강 잘 챙겨라. 내가 돈을 좀 보내마. 보양식 좀 해서 먹어라."

평소에 전화도 잘 하지 않던 시어머니가 갑자기 전화를 걸어 이렇게 말하자, 현지 씨는 감사한 마음이 드는 한편 그리 편한 기분만은 아니었다고 합니다. 말만 놓고 보자면 좋은 마음으로 걱정하는 것 같지만, 어쩐지 말에 뼈가 있는 것처럼 느껴졌기 때문입니다.

고민이 생긴 현지 씨는 친구들에게 의견을 물었다고 합니다. 그랬더니 친구들은 '시어머니가 자기 아들 챙기라고 며느리에게 눈치를 주기 시작한 것'이라면서, 남편에게 더 강하게 말하라고 했다는군요. 시어머니가 며느리에게 전화로 스트레스를 주지 않도록요. 그런 친구들의 이야기를 듣다 보니 현지 씨도 괜히 화가 나고 속상했다고 합니다. 자기도 요즘 바쁘고 힘들어하는 남편을 생각해서 나름 신경을 쓰고 있었는데, 시어머니가 자신을 무시한다고 느꼈기 때문입니다.

하지만 현지 씨는 남편에게 말하기 전, 혹시 자신이 오해하는 게 아닐까 싶어 친정어머니에게 의견을 물었다고 합니다. 친정어머니에게도 며느리가 있으니, 동년배인 시어머니의 마음을 좀 알려줄까 싶었기 때문이죠. 딸의 이야기를 들은 친정어머니는 '사돈 입장에서 아들과 며느리를 진심으로 걱정해서 그렇게 말한 것'이라며 시어머니를 두둔하더랍니다. 그러면서 요즘은 시어머니들도 며느리 눈치 보느라 힘들다며, 본인도 올케 눈치를 보느라 전화 한 통 걸기도 어렵다고 하소연했다는군요. 양쪽에서 정반대의 이야기를 들은 현지 씨는 매우 혼란스러웠다고 합니다.

"선생님은 어떻게 생각하세요? 그동안 많은 사람을 상담하셨으니, 저희 시어머니의 마음도 아실 것 같아요."

현지 씨는 저에게 물었습니다. 하지만 저라고 해도 뾰족한 수가 없었습니다. 똑같은 말이라도, 그 속마음은 성격에 따라 천차만별이니까요. 게다가 한 사람의 심리도 상황과 맥락에 따라 시시각각 바뀝니다. 그러니 제아무리 전문 상담가라고 해도 시어머니 마음이 어떨 것이라고 장담할 수는 없었죠. 그래서 저는 이렇게 대답했습니다.

"현지 씨, 상대가 어떤 마음으로 그런 말을 했는지 모를 때는 직접 물어보는 것이 최선이에요. 평소 대화를 많이 하는 사이, 정서적으로 친밀한 사이라면 말이죠. 그런데 현지 씨랑 시어머니는 그렇게 친밀한 사이는 아니죠?"

"네. 어떤 친구들은 시어머니와 결혼 초부터 지지고 볶고 싸우다가 친해졌다고도 하지만, 저는 시어머니가 직장 상사처럼 서먹하고 어려워요."

만약 현지 씨가 시어머니에게 그 말의 진짜 의도가 무엇이었는지 물으면 어떻게 될까요? 오히려 이 질문으로 없던 오해까지 생겨서, 충분히 피할 수 있었던 갈등마저 불거질 수 있습니다. 그래서 저는 현지 씨에게 괜히 속뜻을 짐작하려 하지 말고, 그냥 좋은 뜻으로 건넨 말이겠거니 생각하라고 조언해 주었습니다. 요컨대 선의로 해석하라는 말이죠.

상대의 말을 선의로 해석하는 방법은 크게 두 가지입니다. 첫 번째는 상대가 나를 공격하거나 비난하려는 의도가 아니라, 나를 걱정하거나 도와주려는 의도였다고 생각하는 것이죠. 예를 들어 볼까요? 명절이 되면 오랜만에 친척을 만나게 되는데요. 젊은 사람들은 친척 어른들을 불편해합니다. 특히 이런 이야기를 하는 분들을 말이죠.

"결혼은 안 해? 요즘 젊은이들은 비혼이 유행이라며? 너도 비혼주의자냐?"

"취업해야지. 눈높이를 낮춰서 일단 아무 회사라도 들어가. 그다음에 이직해!"

"너 살 좀 빼라. 옛날에는 날씬해서 예뻤는데."

이런 말은 어떻게 보면 나의 부족함을 지적하고 비웃는 말처럼 들리기도 합니다. 요즘엔 어른들도 이 점을 잘 알고 있어 자제하는 경우가 많지만, 여전히 이런 말을 무심히 건네는 어른들도 많습니다. 어쩔 수 없이 이런 이야기를 들어 버렸다면 어떻게 받아들여야 할까요? 물론 그분들에게 "그 말은 저를 걱정해서 하시는 건가요, 아니면 제가 못마땅하신가요?"라고 물어도 좋습니다. 그러나 괜히 물었다가 오히려 분위기만 이상해질 것 같으면, 그냥 선의로 받아들이고 넘기면 됩니다. '시대에 뒤떨어진 말을 하고 계시지만, 그래도 나를 상처 주려는 것이 아니라 내가 잘되기를 바라는 마음으로 하는 말이구나'라고 생각하면 괜히 얼굴 붉힐 일이 없습니다. 마음만 받고, 표현은 버리면 됩니다. 마치 택배를 받았을 때 포장보다 내용물에 신경 쓰듯이요.

상대의 마음을 선의로 해석하는 두 번째 방법은 상대의 발언이 나를 향하는 말이 아니라, 자기 자신을 향한 말이라고 생각하는 것입니다. 사실 사람들은 타인보다 자신에 대한 관심이 더 많습니다. 타인의 생각과 감정보다는 자신의 생각과 감정을 더 잘 알고, 타인의 상황보다는 자신의 상황을 더 잘 압니다. 따라서 사람들은 타인에게 충고나 조언을 건넬 때에도, 사실 '내가 저 사람이라면?'이라는 전제하에서 말하는 경우가 많습니다. 즉 자신에게 해주고 싶은 말을 상대에게 하는 것이죠.

"너는 도대체 왜 이렇게 공부를 못하니? 네가 해달라는 것 다 해주잖아!"
"지금 잠이 오냐? 더 정신 차리고 열심히 해야지!"
"원래 인생이 다 그런 거야. 너만 힘드니? 다 힘들어."
"징징대지 마. 징징대면 사람들이 싫어해. 오히려 너만 더 힘들어져."

보통 자수성가한 부모들은 자녀에게 이처럼 질책하는 말을 많이 합니다. 자녀 입장에서는 너무 기가 막히고 화가 나겠지만, 사실 부모들의 의도는 자녀를 더 힘들게 하려는 것이 아닙니다. 자신이 힘들었던 상황에서 스스로 했던 말을 자녀에게 하는 것뿐이죠. 비단 부모 자식 사이에서만 일어나는 일이 아닙니다. 학교나 직장의 선후배 사이에서 흔히 일어나는 일이죠.

그러니 누군가로부터 상처 되는 말을 들었을 때, 상대의 진심을 확인할 길이 없다면 '저 사람이 자신에게 하고 싶은 말을 나에게 하는구나'라고 생각하면서 그 말을 빙그레 웃어넘기는 것이 좋습니다. 나를 향한 말이 아니니, 내가 굳이 반응할 필요는 없는 것이죠. 이처럼 상대가 무슨 마음인지 모르겠고, 물어볼 수도 없다면 그냥 좋은 마음으로 받으면 그만입니다.

칭찬이라도
다 좋은 것은 아니다

살다 보면 많은 사람과 다양한 주제로 대화를 하게 됩니다. 정보 전달을 위한 대화일 수도 있고, 문제 해결을 위해 타인의 조언을 구하는 대화일 수도 있습니다. 그런데 이런 용건이 끝났다고 해서 대화도 바로 끝나는 경우는 많지 않습니다. 심지어 간결함이 중요한 업무 회의조차도 이것이 지켜지지 않는 경우가 많은데, 일상에서의 대화는 말할 것도 없겠죠. 정보 전달을 위한 대화를 하다가도 예상치 못하게 감정이 실린 비난을 주고받게 되고, 그 결과 화가 나기도 합니다. 반대로 문제를 해결하고자 조언을 구하려고 직장 상사를 찾아갔는데,

지난 프로젝트 성과에 대한 칭찬만을 받고 돌아오기도 합니다. 기분은 좋지만, 사실 그걸 원한 건 아니었을 텐데 말입니다.

그러다 보면 자연스레 그러한 칭찬과 비난 속에 감춰진 속마음이 무엇일까 짐작해보게 됩니다. 날 비난한 상대가 정말 상처를 주기 위해 그런 말을 한 건지, 혹은 내가 더욱 잘되라고 그런 말을 한 건지 돌아보게 되죠. 반대로 칭찬을 듣고도 상대가 정말 나를 좋게 평가해 주는 건지, 아니면 그저 듣기 좋은 말을 해 주는 건지 따져 보게 되고요.

이렇게 상대방의 속마음을 헤아리다 영 모르겠을 때, 어떻게 하라고 했는지 기억나시나요? 맞습니다. 현실검증입니다. 나를 비난하는, 혹은 칭찬하는 상대방에게 이렇게 물어보는 것이죠.

"지금 제게 하신 비난/칭찬은 무슨 뜻인가요?"

하지만 안타깝게도, 현실검증은 이런 상황에서는 별로 힘을 쓰지 못합니다. 이렇게 물어본다고 해도 "아,

그건 이런 뜻입니다"라고 대답해 줄 사람은 거의 없거든요. 그도 그럴 것이, 어느 누가 "맞아요. 칭찬을 하긴 했지만, 사실 빈말입니다"라고 하겠어요!

비난의 경우에도 마찬가지입니다. 일례로, 계속 취직을 못 하는 자녀에게 이렇게 말하는 부모가 있다고 합시다.

"도대체 넌 언제 취직할 거니? 네 사촌 동생은 벌써 취직했다더라. 내가 너 때문에 얼굴을 못 들고 다니겠어!"

이런 부모에게 진짜 속마음을 묻는다면 부모는 뭐라고 대답할까요?

"당연히 내 자식이 잘되는 걸 바라는 게 부모 마음이지!"
"너 정신 차리게 하려고 이렇게 말하는 거야!"

이렇게 좋은 뜻으로 하는 말이니, 비난도 곧이곧대로 받아들여야만 할까요? 그렇지 않습니다. 물론 부모의 쓴소리를 통해 부모의 사랑을 느끼고, 더 나아가 더 열심히 애쓰고 노력하게 된다면 아무런 문제도 없겠죠. 하지만 반대의 경우라면 어떻게 해야 할까요? 부모의 비난으로 인해 심적으로 위축되고 힘들다면 말이죠. 부모는 날 위해서라고 말하지만, 그 마음이 전혀 와닿지 않은 채 오히려 적개심과 반항심만 커질 수도 있습니다.

그러니 아무리 좋은 뜻으로 건네는 말이라도 나를 너무 힘들게 하고, 위축되게 만든다면 단호히 멈추라고 요청해야 합니다. 비난은 이중 메시지입니다. 상대가 제 아무리 긍정적인 의도로 건네는 말이라 하더라도, 그 안에는 상대를 무시하고 억압하여 자기 말을 듣게 하려는 부정적인 의도 또한 숨어 있습니다. 아무리 그 안에 좋은 의도가 들어 있더라도, 부정적인 말이 지금 당장 나 자신에게 너무 큰 상처가 된다면 거절할 줄도 알아야 합니다. 상대의 말을 무조건 긍정적인 의도로 포장해줄 의무는 없으니까요. 나에게 좋은 영향을 미치지 않으면 그것은 득得이 아닌 독毒입니다.

지금은 학교나 가정에서 체벌이 금기시되지만, 30년 전만 하더라도 공공연하게 체벌이 행해졌습니다. 그때 부모나 교사들은 자녀와 학생들에게 하는 체벌을 '사랑의 매'라고 불렀죠. 이런 체벌의 고통을 통해 정신을 차리고, 마음을 더 다잡는 아이들도 있었습니다. 하지만 어떤 이들에게 체벌은 평생의 트라우마가 되기도 했습니다. 비난도 마찬가지가 아닐까요?

좋은 뜻으로 건네는 독은 비난뿐만이 아닙니다. 칭찬 역시 그렇습니다. 어떤 분들은 '칭찬은 당연히 좋은 것 아니야?', '칭찬은 고래도 춤추게 한다던데?'라고 생각하실지 모르겠습니다. 하지만 상대가 좋은 마음으로 하는 칭찬이더라도, 듣는 입장에서는 상처가 되기도 합니다.

"너 많이 예뻐졌다."

"힘든 상황에서 울지도 않고 씩씩하구나!"

"머리 좋구나. 똑똑한데?"

"이번 프로젝트 잘 마무리했던데? 축하해. 역시 기대한 대로군."

여러분은 이런 칭찬을 들으시면 어떤 기분이 드시나요? 물론 기분 좋은 말이긴 하죠. 내 노력을 상대가 알아주고 좋게 평가해 준 것이니까요. 그런데 때로는 이런 칭찬이 불편하고 힘들 수 있습니다. 예쁘다고 칭찬받으면 계속 잘 꾸미고 다녀야 할 것 같고, 씩씩하다고 칭찬받으면 아무리 힘들어도 울면 안 될 것 같습니다. 일을 잘했다고 칭찬받으면 앞으로도 계속 상대의 기대를 충족시켜야 할 것 같아 부담을 느낍니다. 또 스스로는 부족하고 못난 모습도 있는데, 똑똑하다는 칭찬을 받으면 자신의 못난 모습을 절대 들키지 말아야 할 것 같아 마음이 힘들어지죠. 저렇게 칭찬을 하는 사람들에게 속마음이 무엇인지 물으면 뭐라고 대답할까요?

"그야 당연히 네가 좋으니까 그렇지."

"앞으로도 더 잘했으면 하는 마음이지."

상대가 나를 좋아하기 때문에, 좋은 마음으로 말했기 때문에, 그 마음을 무조건 감사히 받아야만 할까요? 아닙니다. 나를 힘들게 하는 칭찬에까지 감사해야 할 필요는 없습니다. 상대에게 그럴 의도가 없었다고 해도 말입니다. 왜 그럴까요? 칭찬 또한 이중 메시지이기 때문입니다.

칭찬에 담긴 메시지 중 하나는 상대를 사랑하고 격려하는 긍정적인 마음이죠. 잘했다, 예쁘다, 똑똑하다, 사랑스럽다, 멋지다, 훌륭하다는 말은 그 자체로 좋은 말입니다. 나쁜 마음으로 이런 말을 하지는 않습니다. 그러나 이 마음이 전부는 아닙니다. 이러한 단어에는 자신의 기대와 바람대로 더 잘하기를 바라는 마음도 들어 있죠. 이것을 조금만 바꾸어 말하면, 현재 상태보다 나빠지게 되는 것을 원치 않는 마음이라고도 할 수 있습니다. 노골적으로 "네가 더 나아지지 않으면 난 널 사랑하지 않을 거야"라고 말하지만 않을 뿐이죠. 칭찬은 언제나 조건을 필요로 하니까요.

따라서 칭찬을 들을수록 내 부족한 모습을 숨기고 싶어지고, 잘하지 못할까 더 불안해지고, 더 힘들어져서 내 삶을 제대로 못 살게 된다면 차라리 칭찬을 정중히 거절하세요. 상대가 아무리 좋은 마음으로 하는 좋은 말이더라도 나를 힘들게 한다면 이 역시 득得이 아닌 독毒입니다.

만약 이것이 실례가 될까 두렵다면, 칭찬을 받고 나서 약간 시간이 지난 뒤 상대방을 찾아가 자신이 느꼈던 부담감에 대해 털어놓아 보는 것이 좋습니다. 칭찬을 해 준 것은 감사하지만, 자칫 실망시키게 될까 봐 걱정이 되고 불안하다는 마음이 전해지게요. 그래도 될까 걱정된다고요? 그럴 필요 없습니다. 칭찬을 해 주었다는 건 상대방이 이미 여러분을 좋게 봐 주고 있다는 뜻이잖아요. 분명 여러분의 속마음에 귀 기울여 줄 겁니다.

행동이 따르지 않는 말은 공허하다

어느 날 모르는 번호로 전화가 왔습니다. 수화기 너머에서 아주 다급한 여자분의 목소리가 들렸죠.

"강현식 선생님이시죠? 죄송한데, 지금 바로 상담 잡을 수 있을까요? 너무 급한 일이라서요. 괜찮으시면 지금 전화 상담도 좋아요."

보통의 경우라면 상담 신청서를 제출하라고 안내한 후 전화를 끊지만, 분위기가 심상치 않아서 바로 제 스케줄을 확인했습니다. 다행히 1시간 정도의 여유가 있어서, 상담을 진행할 수 있다고 말씀드렸습니다. 그리고 무슨 일이기에 이렇게 다급하게 전화하셨냐고 물었더니, 본인의 이름을 '희성'이라고 밝히면서 대뜸 이렇게 말했습니다.

"제가 남자 친구한테 가스라이팅을 당하고 있는 것 같아요."

'가스라이팅gaslighting'이란 상대방을 심리적으로 조종해 판단력을 흐리게 만들고 지배력을 행사하는 행위를 말합니다. 이는 1938년 연극 〈가스등〉에서 유래한 단어인데요. 이 연극에선 부유한 상속녀의 재산을 노리고 결혼한 남자가, 결혼 후에는 아내를 외부로부터 격리시키고 교묘하게 아내의 판단력을 흐리게 합니다. 다행히 연극에서는 이 남자의 나쁜 행각이 만천하에 발각되는 해피 엔딩으로 끝나게 됩니다.

연극 소재로나 사용될 법한 이런 이상한 관계를 진지하게 다루기 시작한 것은 미국의 심리학자 로빈 스턴Robin Stern입니다. 그녀는 심리상담을 통해 사람들을 만나면서, 놀랍게도 많은 사람이 가족이나 배우자, 혹은 고용주로부터 심리적으로 독립하지 못한 채 이용당하고 있음을 알게 되었습니다. 심지어 피해자들은 가해자의 말이 옳다고 동의하기까지 했습니다.

판단력을 흐리게 만들면서 자신의 이익을 위해 상대를 조종하는 가스라이팅은, 안타깝게도 친밀한 관계에서 많이 발생합니다. 가해자는 처음부터 노골적인 말과 행동 대신 차근차근 단계적으로 접근합니다. 처음에는 잘해주면서 상대의 신임을 얻죠. 그렇게 어느 정도 신뢰 관계를 형성하고 나면 그다음부터는 애매모호하게 말하거나 행동합니다. 여지를 남기면서 조금씩 더 노골적으로 상대를 이용하죠. 금전적으로나 성적으로 이용하는 경우가 가장 대표적입니다. 만약 상대가 자신의 행동에 대해 의심하거나 이용당하기를 거부하면 "이게 다 너를 위한 거다", "나를 사랑한다면 이 정도는 해줘야 하는 거다", "나를 못 믿느냐" 등의 말로 판단을 흐리게 합니다.

대기업에 다니는 희성 씨는 지역 소모임에서 남자친구를 만났다고 했습니다. 처음에는 '세상에 이렇게 좋은 사람이 있다니'라고 생각할 정도로 자신에게 잘 대해주어, 금세 사랑에 빠졌다고 합니다. 그런데 남자 친구가 변리사 시험을 준비하겠다면서 잘 다니던 직장을 그만두었고, 그때부터 희성 씨는 모든 데이트 비용을 자신이 부담했다고 합니다.

"그런데 어느 날 남자 친구가 '올해 시험에 꼭 합격할 것이고, 시험에 합격하면 결혼도 하게 될 테니 그동안 생활비를 주면 좋겠다'라고 하더라고요. 저는 머리가 좋고 성실한 남자 친구가 당연히 시험에 합격할 것이라 믿었고, 또 양가 부모님께 인사도 드린 상황이어서 당연히 남자 친구의 말에 동의했고요. 그때부터 매달 일정 금액을 남자 친구 통장으로 꼬박꼬박 이체해 주었어요."

이렇게 2년이 흘렀는데, 처음엔 공부를 열심히 하던 남자 친구는 어느 날인가부터 연락도 잘 안될뿐더러, 공부보다는 자신의 여가와 유흥에 시간을 쓰는 것 같더랍니다. 자신과의 데이트도 이런저런 핑계를 대면서 미루거나 취소하는 경우가 많아졌고요. 그 모습을 지켜

보던 희성 씨는 너무 화가 나서 따졌다고 합니다.

"오빠 도대체 나한테 왜 이러는 거야? 요즘 공부도 안 하잖아. 내가 오빠한테 생활비 주는 거, 오빠 놀러 다니라고 주는 거 아니야. 공부에만 집중할 수 있도록 하는 거라고! 말 좀 해 봐, 나한테 왜 그래?"

"너 지금 나 의심하는 거야? 나도 지금 힘들어. 네가 보기에는 내가 그냥 공부 안 하고 노는 것 같아? 아니야. 그동안 너한테 얘기는 못 했지만, 공부 접고 사업 준비하고 있었어. 조금 더 자리 잡고 나면 말하려고 했는데, 미안해. 사업 준비 때문에 여러 사람 만나느라 바빴어. 내가 널 얼마나 사랑하는데. 너랑 결혼해서 잘살아 보려고, 너 회사 안 다녀도 경제적으로 어렵지 않게 해주려고 나도 백방으로 애쓰고 있어. 조금만 더 기다려 줘. 사랑해. 나 믿지?"

그러면서 남자 친구는 나름의 사업구상을 이야기하더랍니다. 희성 씨는 처음에는 긴가민가했지만, 결국 남자 친구의 말을 믿기로 했답니다. 뭔가 찜찜했지만 그렇다고 믿지 않을 이유도 없었으니까요. 그런데 남자 친구가 어느 날 사업자금이 필요하다면서 갑자기 5,000만 원을 빌려 달라고 했다는군요. 남자 친구에게 돈이 없다는 거짓말을 하긴 망설여지고, 그렇다고 그런 큰돈을 선뜻 빌려 주기도 어려웠던 희성 씨는 고민 끝에 절친한 친구에게 사정을 털어놓았다고 합니다. 그랬더니 친구는 "너 지금 가스라이팅당하는 거야!"라며 당장 헤어지라고 충고했답니다.

희성 씨는 가스라이팅을 당하고 있다는 친구의 말이 납득되어 남자 친구에게 전화해서 자신을 속이는 거냐며 따져 물었습니다. 그러자 남자 친구는 되레 화를 내면서 자신을 못 믿느냐, 자신을 의심하는 것이 너무 화가 참을 수 없다고 하더랍니다. 펄쩍 뛰는 남자 친구의 반응에 희성 씨는 순간 혼란스러움을 느꼈고, 자신의 판단이 틀렸을지도 모른다는 생각에 미안하다고 사과했죠. 그러자 남자 친구가 이렇게 말했다는군요.

"정말 날 사랑하면 지금 나한테 5,000만 원 송금해줘. 기다릴게. 오늘 안으로 송금 안 하면, 헤어지자는 뜻으로 알게."

너무 불안하고 무서워진 희성 씨는 이러지도 못하고 저러지도 못하다가, 지푸라기라도 붙잡듯 인터넷에 심리상담을 검색하여 우연히 저에게 연락한 것이었습니다.

희성 씨는 가스라이팅을 당하고 있는 것일까요? 물론입니다. 제가 이렇게 단언하는 데에는 이유가 있습니다. 남자 친구와의 관계가 너무 일방적이기 때문이죠. 연인이든 친구든, 어떤 관계에나 균형이 필요합니다. 시간이나 돈, 마음이 상호 교환되어야 하죠. 준 만큼 받고 받은 만큼 주는 비즈니스 관계여야 한다는 의미가 아닙니다. 상대에게 무언가를 받았다면 그에 대한 고마운 마음이라도 제대로 전달해야 한다는 거죠.

이를 희성 씨 커플의 경우에 대입해 봅시다. 경제적으로는 여유 있는 희성 씨가 남자 친구를 돕는다면, 그는 연인의 헌신에 고마워하면서 더욱더 공부에 매진하는 것이 정상입니다. 만약 공부를 포기하고 사업을 구상한다면, 자신을 도와주고 있는 희성 씨에게 가장 먼저 솔직하게 이야기했어야 하죠. 그러나 희성 씨의 남자 친구는 그렇지 않았습니다.

제가 이 관계를 가스라이팅으로 단정한 이유는 이것뿐만이 아닙니다. 무엇보다도 가장 결정적인 이유는 금전적 이용입니다. 어떤 분들은 심리적 영향 관계가 가스라이팅의 핵심이라고 생각하시는데, 그렇지 않습니다. 그러한 심리적 영향이 결국 누구를 위한 것인지를 따져 봐야 합니다. 왜냐하면 정서적으로 가까운 사이에서는 당연히 심리적으로 영향을 주고받을 수밖에 없으니까요. 누군가를 사랑해서, 혹은 존경해서 크게 영향을 받고 따르는 모든 경우를 가스라이팅으로 볼 수는 없겠죠. 그보다 중요한 것은 이 모든 게 누구를 위한 일이냐는 겁니다. 희성 씨의 경우, 이는 오로지 남자 친구만을 위한 것이었습니다.

이럴 때 눈여겨보아야 하는 것은 말보다 행동입니다. 상대가 아무리 듣기 좋은 말을 하더라도, 그리고 아무리 불쌍하고 애처로운 표정으로 호소해도 믿지 마세요. 말만 번지르르하면서 나를 이용하려고 한다면 말이죠. 말은 때때로 너무 모호해서, 깜빡 속아넘어가기 쉽습니다. 심하면 타인을 이용하는 가해자 자신도 자신의 나쁜 마음을 의식하지 못하는 경우도 있습니다. 이런 사람들을 가려 내기 위해선 그들의 행동에 주목하세요. 정말로 나를 사랑한다면 납득할 수 있는 행동을 보여 달라고 요구해야 합니다.

누군가와의 관계에서 너무 일방적으로 당하고 있는 느낌이 드시나요? 금전적으로나 성적으로, 혹은 심적으로 지치고 소진된다고 느끼시나요? 아무리 노력해도 상대를 만족시키기 어렵다고 느끼시나요? 이럴 경우는 그간 상대가 했던 행동을 돌이켜 보세요. 만약 나만 일방적으로 베푸는 관계가 지속되고 있다면, 당장 관계를 끝내셔야 합니다.

때로는
모호한 상태도 필요하다

상담실에서 많은 사람을 만나면서 마음이 건강한 사람들과 그렇지 않은 사람들의 차이점을 알게 되었습니다. 물론 여러 가지 차이가 있지만, 그중에서도 가장 뚜렷했던 차이점은 모호함 혹은 불확실성을 견디는 능력이었습니다.

생각해 보면 세상은 참 모호합니다. 모든 것이 명확한 것처럼 보이는 과학의 세계도, 불확실성의 원리에 지배받는 양자물리학 이론을 생각하면 꼭 그렇지도 않습니다. 난해하고 복잡해서 답이 보이지 않고, 경우나 상황에 따라 답이 달라지기도 하니까요.

그래서일까요. 인간관계 역시 모호한 것투성입니다. 무엇이 정답인지, 어떻게 이해해야 하는지 갈피를 잡기 어려운 일이 많죠. 상대가 나를 좋아하는 것 같아서 다가갔다가 거절당해 민망하기도 하고, 나에게 호감을 느끼고 다가오는 상대가 부담스러워 도망치기도 합니다. 혼자 마음에 두고 있었지만, 상대는 나에게 관심이 없는 것 같아 조금씩 멀어졌던 그 사람이 사실은 내가 다가와 주기를 기다렸다더라는 이야기를 나중에 전해 듣기도 합니다. 철석같이 믿었던 친구나 연인, 가족에게 배신당하기도 하고, 어제의 적이 오늘의 동지가 되기도 합니다. 무엇 하나 분명히 확신을 가지고 말할 수 있는 것이 없을 정도입니다. 어쩌면 모호함 혹은 불확실성은 곧 인생의 본질일지도 모릅니다.

문제는 이런 모호함과 불확실성이 우리를 불안하게 만든다는 것입니다. 사람은 본능적으로 불확실한 것을 싫어하기에 무언가를 확실하게 정해 놓고 싶어하죠. 그래서 사회에서는 규칙과 법을 만들고, 자연을 관찰하여 이론을 만듭니다. 이 밖에도 인간은 불확실함을 없애려고 다양한 시도를 합니다. 인간의 문명은 이런 식으로 발전해 왔죠.

불확실성을 없애려고 하는 시도에는 긍정적인 측면도 있습니다. 하지만 대인관계와 관련된 문제에서는 이러한 시도가 오히려 오해를 불러일으키는 원인이 되기도 합니다. 사람과 사람이 만나서 관계를 맺다 보면 분명하고 명확한 소통을 주고받는 순간 못지않게, 서로 무슨 뜻인지 이해하지 못하는 애매모호한 순간이 많습니다. 이런 상황을 견디지 못해서, 상대의 의도를 내 마음대로 단정해 버리는 경우가 많죠.

"저 사람이 저를 보고 웃었어요. 저를 경멸하는 게 분명해요."

"친구 두 명과 함께 자주 만나는데요, 한 친구는 말할 때 저를 안 쳐다보고 다른 친구만 쳐다보고 말해요. 저를 무시하니까 그런 거예요."

"저를 만난 후 그 사람이 SNS의 프로필 사진을 바꿨어요. 사진으로 저에게 못다 한 말을 하고 있는 거예요."

"부모님이 제 전화를 안 받아요. 저를 자식이라 생각하지 않나 봐요."

누군가 나를 보고 피식 웃는다면 순간 기분이 상할 수 있습니다. 그 웃음이 어떤 의미이든 말이죠. 그러나 나의 기분을 가지고 '나를 경멸하는 게 분명해'라며 상대의 의도를 단정 짓는 것은 선부른 판단일 수 있습니다. 그 사람은 나의 말이나 행동이 귀엽다고 느껴서 웃을 수도 있고, 나와 상관없이 혼자 어떤 생각이 나서 웃을 수도 있으니까요. 말을 할 때 눈을 쳐다보지 않는 것이나, SNS의 프로필 사진을 바꾸는 것, 전화를 안 받는 것도 모두 마찬가지입니다. 그것을 어떻게 해석할지는 사람마다 다를 수 있죠.

타인의 행동을 관찰해서 그 속에 숨겨진 심리를 파악하기 위해선 아주 신중하게 접근해야 합니다. 그런 행동이 반복적인지, 나를 대할 때와 다른 사람을 대할 때의 차이가 분명한지, 또 상황과 맥락은 어땠는지 꼼꼼이 살펴보아야 하죠. 하지만 사람들은 대부분 단 한 번의 경험으로 타인의 마음을 단정 짓곤 합니다. 불확실함에서 오는 불안감을 견디지 못하기 때문입니다.

일상 속 대화에서도 이런 경우가 많습니다. 오랜만에 만난 친구와 즐겁게 대화를 나눴는데, 집으로 돌아오는 길에 그날 대화를 돌이켜보니 기분이 묘하게 상하기도 합니다. 혹은 "너 바보냐?" 같은 짓궂은 표현을 들었을 때 그것이 나를 무시하는 말인지 친밀함의 표현인지 헷갈릴 때가 있습니다. 한편 아직 그리 친하다고 느껴본 적 없는 사람이 중간에 반말을 섞어 말하는 걸 듣고 기분이 나빠질 때도 있죠. 내가 아무리 열심히 말해도 맞장구 한 번 없는 무뚝뚝한 사람도 있고, 내 말을 계속 끊어가면서 끼어드는 사람도 있습니다. 도대체 상대가 왜 그러는지 도저히 감을 잡기 어렵죠.

이럴 때 불안에 취약한 사람은 자신의 기분에 따라 상대의 마음을 단정해 버립니다. 주로 부정적으로 말이죠. '재수 없다', '잘난 척하는 사람이다', '나를 싫어한다', '나를 무시한다', '나를 한심하게 본다'라는 식으로 말입니다. 이렇게 생각하다 보면 타인을 미워하거나 두려워하는 마음이 뭉게구름처럼 커져 점차 그 사람을 피하게 되고, '내가 정말 그런가'라며 우울해지기도 합니다. 그렇게 사람과의 만남이 점점 줄어들고, 결국에는 불안과 우울, 무기력으로 빠지기 쉽습니다. 저는 이렇게 모호함에서 오는 불안을 견디지 못하고 성급하게 판단하는 사람에게는 본인의 생각이 맞는지 상대에게 직접 물어보라고 제안합니다. 앞서 말씀드린 현실 검증을 해보자는 것이죠. 하지만 이때 많은 분이 이렇게 말합니다.

"물어볼 수는 있지만, 그 사람이 저에게 거짓말을 하거나 의도치 않게 자신의 마음을 숨길 수도 있잖아요."

맞습니다. 상대에게 직접 묻고 소통하는 것이 최선의 방법이긴 하지만, 어디까지나 상대가 진심을 솔직하게 말해 줘야 가능한 일이죠. 그뿐만 아니라 상대에게 직접적으로 묻기 어려운 문제일 때도 많습니다. 그런 문제조차 대놓고 물었다간 오히려 상대와의 관계가 이상해질 수 있죠. 그럴 때 저는 이렇게 말합니다.

"그럼 그냥 모호한 상태로 두는 것은 어때요? 문제를 모를 때는 모른다고 말하는 것이 가장 좋아요. 모르는 것을 아는 척하면, 나중에라도 깨달을 기회를 놓치니까요. 지금 당장은 불안함 때문에 아무렇게라도 단정 짓고 그것이 사실이라고 믿고 싶겠지만, 이것을 반복하다 보면 불안에 더 취약해져요. 나중에는 작은 모호함도 견디지 못하게 되죠. 그러면 결국 자기만의 세상에 갇혀서, 타인과 건강한 관계를 맺을 수 없어요."

여러분 주변에도 자기만 옳다고 주장하는 사람이 있지 않나요? 남들의 의견은 무시하고, 자기 의견에 동의하지 않는 모두를 적으로 만드는 그런 사람이요. 이런 사람들은 겉으로 볼 때 자신만만해 보이지만, 사실은 그 누구보다도 모호함에 취약한 사람일 수도 있습니다. 이런 성격을 고치지 못한 채 고집을 부리면 결국 혼자가 됩니다.

건강한 관계란 상대의 마음을 내 마음으로 받아들일 수 있고, 내 마음을 상대의 마음에 들여보낼 수 있는 관계입니다. 이를 위해 필요한 것이 바로 마음의 빈자리, 즉 여유입니다.

어린아이들은 모르는 것을 불확실하고 불안한 것이 아니라 호기심과 신기함으로 받아들입니다. 하지만 나이가 들수록 자신이 이해하지 못하는 대상을 불편하게 여기죠. 그리고 어떻게든 이를 메꾸려고 합니다. 하지만 세상 모든 문제를 다 설명할 수는 없고, 다른 사람들의 마음을 속속들이 알 수도 없습니다. 그럴수록, 모르는 것은 모른다고 인정하는 게 용기 있는 지혜가 아닐까요.

지금까지 저는 여러분에게 '잘 듣는 법'을 가르쳐 드렸습니다. 대화 중 상대의 표현 때문에 곧잘 기분이 상하거나 마음이 불편해지시나요? 그렇다면 말 대신 마음에 주의를 기울여 보세요. 마음을 들으려면 내 입장을 내려놓고 상대의 입장에서 생각해 보세요. 화가 났을 때 하는 말은 오히려 반대의 마음을 전하는 것일 수도 있습니다.

그래도 상대의 마음을 잘 모르겠다면, 평소의 관계를 생각해 보세요. 제일 좋은 방법은 상대에게 무슨 뜻으로 그렇게 말했는지 직접 물어보는 것입니다. 물어볼 수 없다면 좋은 뜻으로 생각하고 웃어넘기시고요. 만약 이렇게 생각하기도 어렵다면, 그냥 모호한 상태로 두면 됩니다. 억지로 상대의 속내를 하나로 단정 짓고 싶은 마음은, 결국 나의 불안을 회피하기 위한 것일 뿐이니까요.

마음이 건강한 사람일수록 모호함과 불확실성을 더 잘 견딜 수 있습니다. 반대도 가능해요. 모호함과 불확실성을 견디다 보면 불안한 상황에서도 중심을 잃지 않을 수 있죠. 그것이 바로 여러분의 정신건강과 대인관계를 지키는 비결입니다.

3장

감정이 통해야
말도 통한다

말이 아니라
마음을 듣자

제가 결혼을 전제로 만나던 애인과 크게 말다툼을 하고 헤어졌던 이야기, 기억나시죠? 그때 저의 가장 큰 잘못은, 깊게 생각하지 않고 홧김에 심한 말을 내뱉어 버린 것이었습니다. 그 후 시간이 흐를수록, 저는 이것이 저만의 문제가 아니라는 사실을 알게 되었습니다. 저를 찾아온 내담자들 또한 대부분 비슷한 이유로 상처를 받고, 또 상처를 주고 있었습니다.

코로나19 바이러스가 한창 유행인 어느 날이었습니다. 집단상담에 참여하던 윤희 씨가 최근 친정어머니와 말이 안 통해서 너무 답답하고 힘들다고 하소연을 했습니다. 다른 참가자들이 사정을 묻자 윤희 씨는 어머니와의 사이에서 있었던 일을 말해 주었죠. 얼마 전 몸이 안 좋아서 코로나 검사를 받았더니 양성이 나왔더랍니다. 그래서 남편에게 초등학생 딸의 육아를 부탁하고, 다른 가족과 격리된 방 안에서 친정어머니에게 전화를 걸었다고 하더군요.

"엄마, 나 코로나 확진됐어."

딸이 코로나에 걸렸다고 하면, 보통은 "너 괜찮니? 몸은 안 아파? 몸조리 잘해."라는 말을 기대하겠죠. 어머니로부터 받는 관심과 사랑은 언제 받아도 기분 좋으니까요. 그런데 윤희 씨의 어머니는 이렇게 반응하셨다고 하더라고요.

"너 확진이라고? 나는 백신 3차까지 맞아서 그런지 안 걸렸는데."

그 말을 들은 윤희 씨는 기분이 좋지 않았습니다.

어머니가 나쁜 의도로 한 말이 아니라는 것은 알지만, 그래도 이런 핀잔이나 듣자고 전화를 한 건 아니었으니까요. 만약 엄마가 아니라 친구가 이런 말을 했다면 마치 자신을 약 올리는 것처럼 들렸을지도 모릅니다. 결국 윤희 씨는 코로나로 아픈 와중에도 어머니와 크게 말다툼을 벌이고 말았습니다.

"엄마는 왜 말을 그렇게 해?"

"아니, 넌 또 뭐가 문제니? 내가 말을 어떻게 했다고 시비야? 넌 너무 예민해서 문제야."

"내가 예민하다고? 엄마가 둔한 거 아니고? 내가 그동안 엄마의 이런 무심함 때문에 얼마나 상처받았는지 알아?"

"너만 힘들었니? 나도 너 때문에 힘들었어."

윤희 씨는 상기된 얼굴로 억울함을 토로했고, 다른 참가자들은 윤희 씨의 속상한 마음에 공감해 주고 있었죠. 저 역시 윤희 씨가 그동안 어머니와의 관계에서 힘들었다는 것을 잘 알고 있었던지라 고개를 끄덕이며 듣고 있었습니다. 그런데, 문득 이상한 말을 하는 어머니보다 그런 어머니에게 아직도 기대를 못 버리는 그녀가 답답하게 느껴졌습니다. 그래서 단도직입적으로 물었죠.

"윤희 씨는 어머니에게 무엇을 기대하세요?"

"저는 어머니가 말하기 전에 생각부터 하셨으면 좋겠어요. 저희 어머니는 당신 말이 상대한테 어떻게 느껴질지 신경을 안 쓰세요. 이것 때문에 아버지랑도 사이가 안 좋았고, 저나 제 여동생도 많이 상처받았어요. 그뿐인가요? 친구들이나 동네 사람들, 심지어 친척들과도 사이가 틀어지기도 했는걸요."

"제가 보기엔 윤희 씨도 너무 성급하게 말하는 것 같은데요?"

"아니, 그게 무슨 말씀이세요? 제가 엄마처럼 성급하게 말한다고요?"

예상치 못한 질문에 윤희 씨는 당황하면서 따져 물었습니다. 그 자리에 있던 다른 사람들은 제 갑작스러운 질문에 놀라면서도, 조금 이해된다는 표정이었습니다. 그간의 집단상담으로 인해, 어느 한쪽만 문제인 대화는 없다는 사실을 여러 번 겪어 알고 있었으니까요.

"사실 윤희 씨 입장만을 놓고 보자면 억울할 법도 해요. 저 역시 그냥 '힘들었겠어요'라고 위로하고 넘어가고 싶어요. 그래도 제가 굳이 윤희 씨를 콕 집어 지적한 이유는, 계속 어머니 탓만 하다가 윤희 씨도 어머니처럼 생각 없이 말하는 사람이 될 수 있기 때문이에요."

"제가요? 설마요! 저는 어머니의 성급한 말버릇이 잘못됐다는 걸 알고 있는데도요?"

"어머니의 말에 윤희 씨는 뭐라고 되받아쳤죠? '왜 말을 그렇게 해'라고 했죠. 윤희 씨는 여기서 '왜'라고 말하고는 있지만, 사실 어머니의 의도가 궁금한 게 아니잖아요. 사실은 걱정과 위로를 받고 싶었는데, 어머니가 원하는 대로 반응해주지 않자 버럭 짜증을 낸 거죠."

"하지만… 그런 상황에선 다들 그렇게 말하잖아요."

"맞아요. 다들 그렇게 말하죠. 그리고 다들 그것 때문에 싸우고요. 다들 그렇게 말한다고 해서, 그게 옳은 대화법이라는 건 아니에요. 만약 윤희 씨가 정말로 깊이 생각했다면, '왜 그렇게 말해'라고 따지는 대신 코로나에 걸려서 불안하다는 마음을 한 번 더 표현했어야 해요. 그렇지 않나요?”

윤희 씨는 여전히 억울한 표정을 지었지만, 제 말을 부정하지는 못했습니다. 윤희 씨의 반응은 분명 어머니의 무심한 반응에 반사적으로 튀어나온 말이었으니까요. 결국 윤희 씨는 이제 어머니 탓을 그만두고, 자신부터 좋은 대화법을 익혀야겠다고 말했습니다.

대화는 상호적 행위입니다. 한쪽이 말을 함부로 하더라도, 다른 한쪽이 신중하게 말하면 대화의 방향은 달라집니다. 손뼉도 마주쳐야 소리가 난다고 하잖아요. 어쩌면 어머니 또한 윤희 씨와 비슷한 고민을 겪었을지도 모릅니다. 처음엔 무심코 말을 함부로 했더라도, 신중하게 얘기하고 타이르는 상대방이 있었더라면 그것이 습관으로 굳어지는 일은 없었을 테니까요.

저는 앞에서 좋은 대화를 위해서는 말뿐만 아니라 그 속에 담긴 마음까지 들어야 한다고 했습니다. 하지만 그것은 시작일 뿐입니다. 상대방의 마음을 올바르게 듣고, 또한 자신의 마음까지 올바르게 전할 수 있을 때 대화는 비로소 완성됩니다. 그렇다면, 어떻게 말해야 상대에게 내 마음을 올바르게 전할 수 있을까요? 그 방법을 지금부터 살펴보도록 합시다.

갑자기 솟아오른 감정에 속지 마라

우여곡절 끝에 결혼에 골인한 뒤에도, 저희 부부는 계속 같은 실수를 반복했습니다. 앞에서 설명했던 것처럼요.

"너랑 사는 게 얼마나 힘든지 알아?"

"너만 힘든 줄 알아? 나도 힘들어!"

"그래? 그럼 이혼하면 되겠네!"

처음에는 '이혼'을 운운하는 아내가 너무 미웠습니다. 아무리 화가 나도 그렇지, 어떻게 이혼이란 단어를 입에 담을 수 있는지 이해가 안 됐죠. 그래서 분위기가 어느 정도 누그러진 후 아내에게 차분히 물어보았습니다. 싸울 때 이혼 이야기를 꺼내는 이유가 무엇이냐고 말이죠. 아내는 자신도 모르게 화가 나면 극단적인 생각을 하게 된다고 말했습니다. 진심으로 이혼하고 싶은 건 아닌데, 화가 나면 조절이 힘들다며 미안하다고 했죠. 아내의 이야기를 들으니 충분히 이해가 되었습니다. 진심으로 이혼하려는 게 아니라 단지 말이 헛나왔을 뿐이라면, 남편으로서 어떻게 반응하는 것이 좋을까 고민도 많이 했습니다. 어쨌든 저도 부부 싸움의 한 축을 이루고 있었으니까요.

당시 저는 상담센터에서 집단상담을 주도하며 내담자들 사이에서 생기는 갈등을 효과적으로 중재하고 있었습니다. 그러나 정작 갈등의 당사자가 되니 대처하기가 어렵더라고요. 하지만 포기하지 않고 아내의 마음이 어떨지 생각해 보고, 또 제 마음은 어떠한지 생각해 보려고 했습니다. 그리고 다시 다투게 되면 꼭 다르게 반응해야겠다고 다짐하고 또 다짐했죠.

그러던 어느 날 다시 아내와 말다툼이 시작되었습

니다. 그런데, 제 노력 덕분일까요. 전과 달리 아내의 날 선 말에서 자신의 힘듦을 호소하는 듯한 마음이 들리더라고요. 그래서 저는 이렇게 말했습니다.

"당신 요즘 힘들어? 마음 터놓고 얘기하자"

"됐어. 너랑 할 얘기 없어."

잘 풀어보자고 건넨 말인데 퉁명스러운 대답이 돌아오니 민망하기도 했고, 당황스럽기도 했습니다. 하지만 그렇다고 또 함부로 내뱉어 버리면 그간의 제 노력도 물거품이 될 것 같고, 더 큰 싸움으로 번질 것 같았습니다. 짧은 시간 동안 어떻게 말하는 것이 좋을지 고민에 고민을 거듭했습니다.

그러다 문득 '내가 이런 고민을 하는 궁극적인 이유가 뭐지?'라는 생각이 들었습니다. 사실, 싸우지 않는 부부는 드물잖아요? 이번 싸움도 그동안처럼, 또 남들처럼 으레 반복하는 부부 싸움처럼 대충 넘겨 버릴 수도 있겠죠. 그런데 지금 저는 왜 이렇게 쩔쩔매고 있는 것일까요?

결론은 분명했습니다. 제가 아내를 사랑하고 있었기 때문이죠. 그러니 말다툼으로 떠났던 아내를 찾아가 간곡히 사과해서 다시 사귀고, 결혼에 골인해 두 아이도 낳은 것 아니겠어요? 결국 제 진심은 '아내와 잘 지내고 싶다'라는 마음이었습니다. 지금 당장 느껴지는 민망함과 당황스러움이 아니라요. 아니, 어쩌면 그런 부정적인 감정조차도 상황이 마음대로 풀리지 않아 느껴지는 실망감이나 아쉬움일지도 모르겠다는 생각이 들었습니다. 그러니 제 진심을 따른다면 "난 당신이랑 잘 지내고 싶어"라고 말해야겠죠.

하지만 이렇게 말하려니 또 다른 마음이 치고 올라왔습니다. 바로 아내가 저에게 차가운 말투로 "됐어. 너랑 할 얘기 없어"라고 말했을 때 생겨난 분노였죠. 싸울 때 이혼을 운운하는 아내가 미웠고, 제 마음과 노력을 알아주지 않는 아내에게 화가 났습니다. 그래서 "너 할 얘기 있잖아! 나랑 사는 게 힘들다며? 뭐가 그렇게 힘든데? 말해 봐!"라고 외치고 싶기도 했습니다.

하지만 제가 이렇게 말하면 아내와 잘 지낼 수 있기는커녕 사이가 더 멀어질 것이 분명했습니다. 그런 말을 들은 아내가 갑자기 차분하고 얌전해질 리도 없고요. 오히려 더 큰 싸움으로 번질 것이 분명했습니다. 분노의 유혹에 넘어가면 지금까지의 제 노력 또한 허사로 돌아갈 것이 뻔히 보였습니다. 그래서 저는 첫 마음을 지키기로 했고, 아내에게 다시 손을 내밀었습니다.

"여보, 난 당신이랑 잘 지내고 싶어. 당신을 비난하고 싶지도 않고, 나도 당신한테 비난받고 싶지 않아."

제 말을 듣자 아내의 화난 표정이 누그러졌습니다. 제가 본인의 마음을 알아주는 말("당신 힘들어? 마음 터놓고 얘기하자")을 했을 때만 해도 아직 다 풀어지지 않았던 감정이, 제가 진심을 올바르게 전달하니 풀어진 것이죠. 그날 저와 아내는 싸움을 더 키우는 일 없이, 드디어 제대로 된 대화를 할 수 있었습니다.

사람들은 자신이 상대로부터 공격을 받았다고 느끼면, 자동적으로 자신을 지키려고 합니다. 그래서 가능한 수단을 모두 동원해 자신을 방어합니다. 그러다가 상대에게 허점이 보이면 더 강한 공격으로 되받아칩니다. 상대를 제압해서 이기려고 말이죠.

여러분은 이런 싸움의 전략이 당연하다고 생각하시나요? 만약 자신의 생명을 위협할 수 있는 몸싸움이라면 당연한 일일지도 모르죠. 그리고 나를 가스라이팅하는 악한 사람과의 말싸움이나 법정에서 시시비비를 가리기 위한 공방이라면 당연히 이런 전략이 필요합니다. 무조건 나를 보호해야 하니까요. 하지만 내가 사랑하는 사람과의 말싸움이라면 어떨까요? 사랑하는 사람에게도 공격과 방어의 전략을 따져야 할까요?

저는 지금까지 살면서 웬만해서는 타인과의 말싸움에서 지지 않았습니다. 평소 상대의 행동이나 말을 잘 관찰하는 편이어서, 상대와 논쟁을 벌일 때 논리적 허점을 잘 짚어냈죠. 그래서 말싸움이 벌어지면 승리는 늘 저의 것이었습니다. 그런데 말싸움에서 이기니 놀랍게도 그 사람들이 저를 떠나더라고요. 처음에는 이상했지만, 생각해 보니 당연한 일이었습니다. 제가 말싸움에서 승자가 되었다고 해서, 그들이 저에게 무릎을 꿇고 저를 주인으로 모실 리는 없으니까요.

사랑하는 사람과의 말다툼을 어떻게든 이겨 먹고

싶으신가요? 아니면 오해를 풀고 다시 사이좋게 지내고 싶으신가요? 사랑하는 마음이 남아 있다면, 이기려 하지 말고 자신의 처음 가졌던 마음을 되새겨 보세요. 그 사람과 만나기 시작했을 때의 마음도 좋고, 관계가 무르익었을 때의 마음도 좋습니다. 그 마음을 간직하세요. 물론 순간순간 이기고 싶은 마음이 올라올 수도 있어요. 하지만 그럴 때일수록 처음의 마음을 붙잡고 그것을 말로 표현하세요. 사랑하는 사람과의 말다툼에서 이겨야 할 대상은 상대방이 아닙니다. 바로 나 자신입니다.

말꼬리만 잡지 않아도 대화가 풀린다

평소에는 자연스럽게 대화하던 이들도 감정이 곤두선 상태에서는 제대로 된 대화를 하지 못합니다. 평소의 따스한 마음은 온데간데없고, 자신이 무슨 말을 하는지도 모르는 채 상처가 될 만한 말을 아무렇게나 내뱉습니다. 당연히 대화는 중단되거나 파국으로 치닫게 되죠. 이런 대화를 하고 나면 자신에게 심한 말을 한 상대가 원망스럽기도 하고, 한편으로는 상대에게 상처를 준 자신의 행동이 후회되어서 견딜 수가 없습니다. 정말 하고 싶은 말은 하지도 못하고, 마치 나쁜 귀신에 홀린 것처럼 이상한 말만 내뱉었으니까요. 사실 우리 대부분이 이런 실수를 반복합니다. 저도 여러 번 그랬으니까요.

이렇게 후회스러운 대화를 하지 않으려면 어떻게 해야 할까요? 어떻게 하면 실수를 바로잡고 내 진심을 전할 수 있을까요? 이를 위해선 가장 기본적이고, 중요한 실수부터 멈춰야 합니다. 바로 상대의 말꼬리를 잡고 늘어지는 것말입니다.

제게는 저보다 두 살 많은 누님이 있습니다. 동생들이 으레 그러하듯 저 역시 누나를 따라다녔습니다. 누나가 가는 곳마다 따라다녔고, 누나가 하는 놀이를 따라 했고, 누나가 하는 말을 따라 했죠. 그래서 어린 시절 누나는 저를 잘 챙겨주면서도, 한편으론 귀찮아했습니다. 어머니에게 부탁해서 저를 떼어놓은 적도 있죠. 그때 정말 서러워했던 기억이 나네요.

아이들은 자연스럽게 손위 형제를 인생의 모델로 삼는다는 사실을, 저는 두 아들을 키우면서 다시 한번 느꼈습니다. 첫째 아이와 둘째 아이는 세 살 차이가 나는데요. 첫째가 하는 것마다 따라 하는 모습에서 제 어린 시절을 보는 것 같았습니다. 형이 책을 읽으면 자신도 책을 읽고, 형이 장난감을 갖고 놀면 자신도 장난감을 갖고 놀더라고요. 행동뿐만 아니라 말도 따라 했습니다. 형이 "엄마 밥 주세요"라고 하면 동생도 "엄마 밥 주세요"라고 했습니다. 형이 "아빠 놀자"라고 말하면 동생도 "아빠 놀자"라고 했죠.

자신이 관찰한 대상의 말과 행동을 따라하는 것을 심리학에서는 모방학습이라고 합니다. 모방학습은 어린 시절에 가장 많이 발생하는데요. 모방학습을 통해 아이들은 상황에 맞는 행동을 배우며 사회화됩니다. 말과 예절 등을 배우는 중요한 과정이라 할 수 있죠. 더 나아가 세상을 살아가는데 필요한 각종 기술과 태도를 익히기도 합니다. 이런 면에서 모방학습은 너무나 중요한 마음의 기본 원리라고 할 수 있습니다.

그런데 아이들은 처음엔 상대를 있는 그대로 따라하다가도, 시간이 지나면 상대로부터 배운 전략으로 상대에게 맞서기 시작합니다. 첫째가 8살, 둘째가 5살 때였죠. 아이들과 놀아주던 중 간식을 준비하려고 잠시 자리를 떴는데, 머잖아 두 아이가 싸우는 소리가 들리더라고요. 먼저 큰 아이가 동생에게 소리를 쳤습니다.

"이 장난감 내가 먼저 집었어!"

"아니야, 형. 내가 먼저 집었어!"

"너 저리가!"

"형이나 저리가!"

"너, 아빠한테 일리비칠 기야."

"나도 아빠한테 형 일러바칠 거야."

아이를 키워본 부모님들이라면 이렇게 말꼬리를 잡아서 상대에게 돌려주는 대화가 아이들 사이에 얼마나 흔한지 아실 겁니다. 그런데, 사실 말꼬리 잡고 늘어지는 건 어른들도 똑같습니다. 특히 감정이 격해진 상태에선 더욱 그렇죠. 마치 아이가 되어버린 것처럼 말이에요. 저도 그랬습니다. 연애 중 싸울 때, 혹은 부부 싸움을 할 때 아내의 말꼬리를 잡아서 되돌려 주곤 했죠.

"너랑 지내는 게 얼마나 힘든지 알아?"

"야, 너만 힘든 줄 알아? 나도 힘들어!"

아내의 비난 섞인 원망의 말을 듣자마자 저는 곧바

로 받아쳤습니다. 이성적으로 생각할 겨를도 똑같이 '나도 힘들다'라며 내뱉었죠. 마치 수십 년 전 누나의 말꼬리를 잡던 때처럼요.

한번은 길을 가다가 두 건장한 남자들의 말싸움을 본 적이 있습니다. 한 사람이 핸드폰을 하면서 길을 가다가 상대의 어깨를 치고 지나갔습니다. 핸드폰을 하던 사람이 먼저 사과를 하더군요.

"아이고, 죄송합니다."

"죄송하다고 하면 다야? 눈깔을 어디에 붙이고 다니는 거야?"

"눈깔? 이 놈이 말 함부로 하네."

"뭐? 이 놈? 너 지금 말 다했어?"

"그래 다 했다. 머리에 피도 안 마른 XX가"

"머리에 피도 안 마른 XX라고? 이 싸가지 없는 XX"

"싸가지? 너 지금 말 다했냐?"

"그래, 다했다. 어쩔래?"

말싸움이 점점 격해지면서, 가만두었다간 서로 주

먹질을 할 것 같았습니다. 다행히 각자의 일행들이 두 사람을 뜯어말리면서 싸움은 일단락되었지만요. 그들의 바로 옆에 있었던 저는 그들의 살벌한 모습을 보면서도 어쩐지 피식, 하고 웃음이 새어나왔습니다. 건장한 성인 남성들이 싸우는 모습이 마치 제 어린 아들들이 싸우던 것처럼 유치해 보였기 때문입니다. 이처럼 모방의 미성숙한 사례는 나이와 관계없이 일어날 수 있습니다.

특히 미성숙한 모방은 감정이 격해졌을 때 더 잘 일어납니다. 부부 싸움도 그렇고, 친구들이나 동료와의 싸움도 그렇습니다. 성인 자녀와 부모의 싸움에서도 쉽게 찾아볼 수 있죠.

다 큰 어른들까지도 곧잘 상대의 말꼬리를 잡게 되는 이유는 뭘까요? 그 이유는 우리 뇌의 특성 때문입니다. 우리의 뇌는 참 신기하게도, 어떤 동작을 관찰할 때 활성화되는 부위와 그러한 동작을 행할 때 활성화되는 부위가 같습니다. 상대의 행동을 보거나 듣는 것만으로도, 그것을 똑같이 따라하는 것과 같은 효과가 생기는 것이죠. 우리의 뇌가 마치 세상을 거울처럼 반영하고 있는 것입니다. 이것이 바로 모방학습이 가능한 원인입니다.

그래서, 의식적으로 연습하고 노력하지 않으면 우리의 뇌는 자연스럽게 본 대로 행동하고 들은 대로 말하게 됩니다. 이런 뇌의 특성 덕분에 인간은 세상에 적응하는 방법을 빨리 터득할 수 있지만, 동시에 상대의 공격을 똑같이 흉내내는 방법도 터득하게 되었죠. 이를 의식적으로 고치지 않는다면 관계는 파국으로 치닫게 됩니다.

그러니 자신의 진심을 상대에게 제대로 전하고 싶다면, 우선 말꼬리를 잡지 않으려는 노력이 필요합니다. 사소하고 별것 아닌 일 같지만, 의외로 까다로운 일일 겁니다. 우리는 자기도 모르는 사이에 상대방을 따라하게 되니까요. 매순간 주의를 기울이고 마음을 다잡으세요. 때로는 가장 사소한 것이 가장 중요한 것일 때도 있는 법입니다.

다 듣고 말해도
늦지 않다

감정이 평온한 상태에서는 누구나 대화를 순탄하게 할 수 있습니다. 상대가 장난을 치면 그 장난을 받아칠 수 있고, 상대가 진지하게 말하면 나도 진지하게 말할 수 있습니다. 맞장구를 칠 수도 있고, 때로는 상대의 말에 반대 의견을 낼 수도 있습니다. 이럴 때조차 자신이 뭐라고 말할 것인지 하나하나 신경을 쓸 필요까진 없습니다.

하지만 감정이 격해진 상황에선 이러한 자연스러운 흐름이 깨지게 됩니다. 상대가 뭐라고 말하는지 하나하나 따지고 공격하기 시작하죠. 앞서 이러한 파국을 막기 위해, 말꼬리를 잡지 말고 자신의 진짜 마음을 차근차근 전하는 것이 좋다고 말씀드렸습니다.

하지만 우리가 아무리 뛰어난 말솜씨로 침착하게 내 마음을 말한다고 해도, 상대가 화가 머리끝까지 나서 길길이 날뛰고 있다면 그것을 온전히 전하기 어렵습니다. 오히려 나는 전혀 그럴 의도가 아니었는데, 상대가 내 말꼬리를 잡고 늘어질 수도 있죠. 감정이 격해져 있다면 충분히 그럴 수 있습니다.

그렇다면 내 마음을 온전히 전하기 위해선 어떻게 해야 할까요? 바로 상대방을 경청자로 준비시켜야 합니다. 흥분을 가라앉히고 내 말을 들을 수 있게 만들어 주는 것이죠. 어떻게 그게 가능하냐고요? 흥미롭게도, 상대를 순한 양처럼 만들고 싶다면 내가 먼저 순한 양이 되어야 합니다.

제가 주로 진행하는 집단상담에서는 서로 전혀 모르던 사람들이 함께 모여 대화하는 일이 많습니다. 그러다 보면 자연스럽게 갈등이 생기게 되지요. 참가자들은 때로는 자신들이 직접, 때로는 상담사의 도움과 함게 이를 풀어나가면서 갈등을 온건하게 해결하는 법을 배웁니다. 그러다 보면 일상에서 겪는 갈등도 스스로 해결할 줄 알게 되죠.

그런데 이런 집단상담을 진행할 때, 참가자들 간 갈등이 격해지면 저는 꼭 이렇게 말합니다.

"상대의 말을 끊지 말고 기다리세요."

"지금은 반박하거나 본인의 입장을 설명하려고 하지 말고, 일단 들어보세요."

"잠시 뒤에 본인이 말할 수 있도록 시간을 드릴게요."

감정적으로 격해져 있을 때 상대의 말을 차분히 듣고 있기는 쉽지 않습니다. 당장이라도 반박하거나 한마디 쏘아붙이고 싶은 마음이 굴뚝같아지니까요. 하지만 상대에게 충분히 발언할 시간을 주면, 신기하게도 상대 역시 조금씩 나의 이야기에 귀를 기울이기 시작합니다. 하고 싶은 말을 다 쏟아내고 나니 흥분이 조금 가라앉는 거지요. 갑옷을 두르고 공격 태세를 갖추던 상대에게 틈이 생긴 겁니다. 이 틈을 타서 자신의 진심을 전하면 됩니다. 이럴 때 전하는 말은 한마디 한마디가 강력한 위력을 지닙니다.

상대가 내 말을 들을 준비가 되었을 때 말하는 것, 이것이 대화의 기본 전제가 되어야 합니다. 아무리 좋은 음식을 만들어서 손님을 대접하려고 해도, 손님이 먹을 마음이 없으면 헛수고죠. 손님이 음식을 먹고 싶어할 때, 정성스럽게 음식을 만드는 것이 요리사의 역할 아닐까요. 대화도 마찬가지입니다. 상대가 들을 준비가 안 되어 있다면, 아무리 말을 해도 소용이 없습니다.

물론 내 말은 한마디도 들어주지 않고 자꾸 자기 이야기만 하려는 사람도 있습니다. 이럴 때에도 끊지 말고 계속 발언 기회를 주는 것이 좋습니다. 만약 상대가 처음부터 끝까지 자기 이야기만 하더니 일방적으로 대화를 끝마쳐 버린다면, 차라리 잘됐다고 생각합시다. 그런 사람에게는 나의 진심을 아무리 전달해도 소용이 없었을 테니까요. 하지만 걱정 마세요. 그런 사람은 아주 적습니다. 대부분은 상대가 자신의 말을 잘 들어주고 있다는 생각이 들면, 자신도 상대의 말을 들으려 합니다. 경청하는 상대를 모방하는 것이죠.

한번은 이런 일이 있었습니다. 집단상담에서 갈등을 중재하고 있었는데, 한 사람이 저의 중재가 편향되었다고 느꼈는지 저를 비난하듯 말했습니다.

"선생님은 지금 누구 편이세요?"

"네? 그게 무슨 말씀이세요?"

"아니, 말 그대로예요. 누구 편이세요?"

말투가 상당히 공격적이라, 저는 이분이 화가 나 있음을 알아챘습니다. 이런 핀잔을 들으면 아마 대부분은 이렇게 말하겠죠.

"누구 편이긴요? 난 누구의 편도 아니에요!"

누구의 편도 아니기는 저 또한 마찬가지였습니다. 두 사람의 입장이 모두 이해가 되었기에, 두 사람이 서로에 대해 가지고 있는 오해를 풀면서 갈등은 중재하고 싶었죠. 하지만 화가 나 있는 상대방에게 이렇게 대답했다면 어떤 반응을 보였을까요? "아, 제가 오해했네요"라며 얌전해질까요? 그렇지 않습니다. 이분은 이미 상담사인 제가 자신의 편을 들어주지 않는다는 생각에 심통이 나 있으니, 분명 이렇게 말했을 것입니다.

"거짓말하지 마세요. 저 사람 편이잖아요. 만약 누구 편도 아니라면, 왜 자꾸 저한테만 상대방 마음을 이해하라고 하는 건데요?"

물론 저는 양측에 똑같이 말했지만, 화가 난 상황에서는 자신한테 하는 말이 유독 크게 들리는 경우가 있죠. 이럴 때 아무리 해명을 하더라도 효과가 없습니다. 오히려 변명이라고 생각해 괜히 갈등만 더 커질 우려도 있죠. 상담사 활동을 갓 시작했을 때는 이런 사실을 떠올리지 못해 갈등 중재에 실패했던 적도 있습니다. 하지만 많은 시행착오 끝에, 이럴 땐 응어리진 감정을 한바탕 풀어버릴 기회를 주는 것이 좋다는 사실을 알고 있습니다. 그래서 우선 상대에게 발언 시간을 충분히 주고, 제 발언 시간을 확보하는 전략을 사용하지요.

"방금 누구 편이냐고 하셨지만, 정말 궁금해서 하신 질문이 아닌 것 같네요. 제 말이 어떻게 느껴졌는지 이야기해 주세요. 귀 기울여 들을게요. 다 말씀하시고 나면 제 입장을 말씀드릴 테니 들어주시면 좋겠어요."

물론 끈기 있게 들어준 후 발언을 시작해도, 상대가 갑자기 제 말을 끊고 다시 말하기 시작할 때가 있습니다. 그럼 저는 다시 부탁합니다.

"하고 싶은 이야기 먼저 하세요. 제가 들을게요. 그러고 나면 제 이야기도 끊지 않고 들어주시면 좋겠어요."

제가 경청하는 태도를 취하자 이분은 제 말이 어떻게 들렸고, 그 때문에 자신이 얼마나 섭섭했는지 이야기를 늘어놓기 시작했습니다. 그러더니 말씀 중에 스스로 깨달으시더라고요. 제가 건넨 말은 한쪽의 편을 들어주기 위한 말이 아니라, 상담사로서 갈등을 공평하게 중재하려는 시도였다는 사실을요. 결국 이분은 자신이 오해한 것 같다며 사과했고, 저는 그 사과를 감사히 받아들였습니다. 말 한마디도 하지 않고 갈등을 해결한 셈이죠. 대단하지 않나요?

이렇게 상대의 말을 먼저 다 들어주다 보면, 내가 말할 차례가 되기도 전에 갈등이 풀리기도 합니다. 본인 입에서 나오는 말을 직접 귀로 들으면서 흥분 때문에 생긴 오해나 논리적 비약을 깨닫게 되는 거죠. 이처럼 경청은 종종 빼어난 말솜씨보다 더 위력적인 힘을 발휘합니다. 여러분도 이 위력적인 힘을 사용해 보세요. 싸워 이기는 것보단, 싸우지 않고도 이기는 게 더 좋은 법이니까요.

감정이 격해지면 도망쳐라

지금까지 저는 좋은 대화를 위한 갖가지 말하기 전략을 설명해 드렸습니다. 말하기 전에 생각하기, 처음의 진심을 지키면서 말하기, 말꼬리 잡지 않고 말하기, 상대가 먼저 말한 다음에 말하기 등…. 하지만 이렇게 생각하실지도 모르겠습니다. '그걸 언제 다 지키고 있어?'

맞습니다. 부정적 감정이 격해지면 이성적인 판단을 내리기 어렵습니다. 전략을 떠올리기는커녕 상대의 말에 반박하려 하고, 그동안 느꼈던 상대의 문제점과 잘못을 끄집어내서 되갚아 주고 싶은 마음만 가득합니다.

이처럼 너무 화가 나서 아무런 생각도 나지 않을 때

에는, 차라리 아무것도 하지 않고 후퇴하기를 추천합니다. 흥분된 감정이 진정될 때까지 대화를 중단하는 것이죠. 하지만 그렇다고 해서 화가 났을 때 무조건 자리를 박차고 나가버리라는 뜻은 아닙니다. 대화를 멈추기 위해 꼭 필요한 전제 조건이 있습니다. 바로 상대방과의 사전 합의입니다. 상대방의 동의 없이 대화를 중단하는 건, 오히려 상대방을 무시하는 일처럼 여겨질 수 있으니까요.

제가 부부 싸움을 획기적으로 줄인 방법을 소개해 드리면 설명이 빠르겠네요. 아내와 좋은 분위기를 유지하던 어느 날, 저는 이렇게 말했습니다.

"여보, 우리가 부부 싸움 할 때 서로에게 말 때문에 상처를 많이 주잖아. 나중에 생각하면 후회도 되고, 싸울 때 내 모습이 창피하기도 하더라고. 그래서 이렇게 제안하고 싶어. 우리 둘 중 어느 누구라도 부정적 감정이 격해져서, 제대로 대화하기 어려운 상태라고 판단이 되면 잠깐 휴전 시간을 갖는 게 어때?"

"휴전 시간? 어떻게?"

"부정적 감정이 격해졌을 때 한쪽이 휴전 신호를 보내면, 어떤 상황이든 일단 대화를 멈추자는 거지. 그리고 부정적 감정이 좀 가라앉으면, 다시 이야기해보자고 제안하는 거야."

아내도 제 말에 동의했습니다. 그리하여 저희 부부는 말다툼 중 부정적 감정이 격해지면 손바닥을 내밀어 휴전 의사를 표시하고, 특별한 이유가 없는 한 받아들이기로 했습니다. 그리고 두 사람 모두 동의하면 대화를 재개하기로 했죠. 그러자 놀랍게도 부부 싸움의 빈도가 아주 극명하게 줄어드는 게 아니겠어요? 저희는 지금까지도 이 원칙을 잘 지키며, 만족하고 있습니다.

이렇게 말하면 어떤 사람은 "그럼 무조건 참으라는 건가요?"라고 묻기도 합니다. 그렇지 않습니다. 참는 것과 휴전은 다릅니다. 참는 것은 두 사람 사이의 문제를 내 안에서 해결하고 받아들이는 것입니다. 그런데 이건 사실 매우 어려운 일입니다. 애초에, 문제를 혼자서 해결하지 못해서 화가 나는 거니까요. 자칫하면 혼자서 해결하기는커녕 혼자서 끌어안고 마음의 병을 키우기 십상이죠. 이처럼 인내는 알고 보면 아주 고도의 정신적 기술입니다. 공자님이 '모든 행실의 근본은 참는 것이 으뜸百行之本 忍之爲上'이라고 강조한 것도 그 때문이 아닐까요? 힘주어 말하지 않으면 지키기 어려우니까요.

반면 휴전은 문제를 잠시 미루어 두는 것입니다. 감정 해소와 문제 해결을 따로따로 한다고 생각하시면 이해가 빠르겠네요. 지금 여기서 끝장을 보자는 게 아니라, 지금은 해결하기 어려우니 이대로 두고 나중에 해결하자는 것이죠. 감정이 잦아들지 않았는데 무조건 끝장을 보겠다고 덤벼들었다간, 상대에게 돌이킬 수 없는 상처를 주게 될지도 모릅니다.

이런 휴전 협정을 이행하실 때 꼭 기억하셔야 하는 것이 있습니다. 바로, 부정적 감정이 잦아들었다고 해서 어물쩍 넘어가선 안 된다는 것이죠. 휴전을 하는 이유는 맑은 정신으로 다시 대화하기 위함입니다. 2보 전진을 위한 1보 후퇴라고나 할까요. 감정이 잦아들었다고 해서 다시 대화하는 일 없이 슬쩍 넘어갔다간, 후퇴한 상태로 멈춰 버리게 됩니다. 이래서는 그동안 잘못해왔던 것처럼 오해와 갈등을 쌓아두는 일과 다를 바 없어지겠죠. 그러니 멈춰 둔 대화에서 도피하지 마시고, 꼭 다시 시작하세요. 일시 정지해 둔 동영상의 재생 버튼을 다시 누르듯이 말입니다.

주어만 바꿔도 싸움이 줄어든다

이렇게 여러 가지 방법을 말씀드렸지만, 사실 나의 마음을 전하는 법은 매우 간단합니다. 말을 할 때 문장의 주어를 '나'로 하는 것이죠. 나의 마음을 상대에게 전하는 것이니 당연한 이야기랄까요. 결혼 전 사랑싸움부터 시작해, 결혼하고 나서도 10년이 지나도록 지겹게 반복했던 부부 싸움의 마침표를 찍었던 말의 주어도 '나'였습니다.

"여보, 난 당신이랑 잘 지내고 싶어. 당신을 비난하고 싶지도 않고, 나도 당신한테 비난받고 싶지 않아."

그동안 '너', '당신'이라고 말하며 상대를 몰아세우기 급급했던 제가 이렇게 '나' 주어를 활용하며 속마음을 털어놓자 아내의 반응은 확연히 달랐습니다. 물론 그후로 부부 싸움이 아예 사라진 건 아니었지만, 갈등이 생기려 할 때마다 주어를 '나'로 하여 제 마음을 분명하게 전하니, 갈등은 필요 이상으로 커지지 않았습니다.

겨우 주어만 하나 바뀌었을 뿐인데 이런 변화가 생기는 이유는 뭘까요? 그 이유는 '너'라는 주어가 상대방의 자율성을 해치는 표현이기 때문입니다. 사람은 누구나 자기 뜻대로 행동하기를 원합니다. 어린아이들을 보세요. 가장 먼저 배우는 말 중 하나가 "싫어!"입니다. 아이들은 부모의 돌봄을 원하면서도 어떤 경우에는 부모로부터 벗어나려고 합니다. 부모의 통제를 받는 대신 무엇이든 직접 하려고 하죠. 이처럼 자율성은 인간의 자아를 지탱하는 가장 근본적이고도 중요한 특성이기에, 타인이 자신을 함부로 판단하면 반감이 생기기 쉽습니다.

이러한 '너'의 부정적 위력은 대단히 커서, 심지어

그 뒤에 좋고 긍정적인 표현이 따라 붙더라도 듣는 사람을 기분 나쁘게 만들 수 있습니다. 실제로 저는 상담 중, 이런 칭찬을 듣고도 언짢아하는 사람을 자주 보곤 합니다.

"너는 참 착한 아이야. 말을 잘 듣네."

"넌 예쁘게 생겼구나. 얼굴도 그렇고, 몸매도 날씬해."

"똑똑하네. 너 그럼 공부도 잘 하겠다."

"너 진짜 좋은 사람이야. 화도 내지 않고, 늘 친절하게 말하잖아."

여러분은 어떤 기분이 드시나요? 칭찬처럼 들리니 마냥 좋기만 할까요? 물론 처음에는 기분이 좋을 수도 있습니다. 그런데 계속 듣다보면 기분이 상할 수도 있습니다. 왜냐하면 사람에게는 양면이 있기 때문이죠. 남들에게 보여주고 싶은 모습도 있지만, 절대로 보여주고 싶지 않은 모습도 있습니다. 잘난 면도 있지만, 못난 면도 있죠. 열심히 할 때도 있지만, 그렇지 않을 때도 있습니다. 그런데 누군가가 자신의 좋은 면을 칭찬하면,

자신에게 있는 안 좋은 면을 들키지 않아야 한다는 생각에 스트레스를 받게 됩니다. 상대를 실망시키고 싶지 않기 때문이죠. 이런 생각은 결국 내가 원하는 대로 좀 편하게 살고 싶다는 인간의 기본적인 욕망, 즉 자율성을 침해합니다. 그래서 결국은 자신을 힘들게 합니다.

연예인이나 운동선수, 그리고 각종 전문직 등 사람들에게 인기가 많거나 부러움을 사는 직업을 가지고 있으면서도 우울과 불안으로 힘들어하는 사람들이 많은 이유가 바로 이 때문입니다. 이들은 하나같이 말합니다. '주변 사람들의 기대 때문에 너무 힘들다', '좋은 모습만 보여줘야 할 것 같아서 괴롭다', '사람들의 생각과 달리 난 행복하지 않아서 괴롭다'라고요.

사람은 좋은 평가든, 나쁜 평가든 다른 사람에게 받는 평가와 단정을 껄끄러워합니다. 좋은 평가도 싫은데, 가까운 사람과의 갈등 상황에서 받은 나쁜 평가는 두말할 필요가 없죠.

생각해 보면, 아내와 저는 처음 만나기 전 거의 30년 동안 남남이었습니다. 그러니 서로에 대해 모르는 게 너무 많았죠. 그런데도 '너는', '당신은' 하면서 쏘아붙이다 보니, 듣는 입장에선 그렇게 억울할 수가 없었습니다.

그래서 저는 확실하게 아는 것에 대해서만 말해야겠다고 생각했습니다. '너'가 아니라, '나' 말입니다. 주어를 바꾸자 표현은 정확해졌고, 오해는 줄어들었습니다. 상대가 정확하게 표현해 주니, 그 입장을 이해하는 것도 훨씬 더 쉬워졌습니다. 말하는 이도 듣는 이도 편해진 셈이죠. 그러니 누군가에게 마음을 전하고 싶으시다면, 주어를 '너'가 아닌 '나'로 바꿔보세요. 사소한 변화가 불러온 결과에 깜짝 놀라게 될 겁니다.

누군가에겐 정답이 누군가에겐 오답이다

앞에서 설명한 '나' 주어에 조금 더 자세히 설명하고자 합니다. 대화할 때 주어를 '나'로 놓고 자신의 마음을 표현하는 화법을 '나-전달법I-message'이라고 합니다. 이 방법을 처음 제안한 사람은 미국의 임상심리학자인 토마스 고든Thomas Gordon인데요. 1960년대에 아동들을 대상으로 놀이치료를 하던 중 고안된 이 방법은, 이후 그가 개발한 부모 교육 프로그램인 부모 효율성 훈련Parent Effectiveness Training, PET을 통해 널리 알려졌습니다.

고든은 '나-전달법'을 설명하면서 이런 예를 듭니다.

초등학교 1학년 자녀가 아침에 일어나서 등교 준비를 하지 않는다고 합시다. 이때 많은 부모가 이렇게 말합니다.

"너 지금 뭐 하는 거야? 학교 갈 준비 안 해? 아침부터 왜 책을 보니? 빨리 세수하고 옷 입고, 가방 챙기고 밥 먹어!"

아이들은 어릴수록 미래를 예측하는 능력이 떨어집니다. 아침에 일어나서 등교 준비를 빨리하지 않으면, 학교에 늦어서 부모가 화낼 것이라는 사실을 인지하기 어렵죠. 이런 아이들에게 무조건 비난조로 말하는 것은 효율적이지 못합니다. 당장은 부모가 화를 내니 등교 준비를 하려고 하지만, 그다음에 부모가 화를 내지 않으면 이전의 행동이 그대로 반복될 것입니다.

따라서 고든은 부모들에게 말합니다. 아이들의 행동을 교정하려면 무조건 화내고 비난만 하지 말라고 말이죠. 대신 아이가 대화 상대인 부모의 마음을 이해할 수 있게 설명해주라 말하죠.

'나-전달법'을 효과적으로 사용하기 위해, 고든은

세 가지를 요소를 기억하라고 합니다. 먼저 문제가 되는 상대의 행동을 사실대로 말하고, 그 행동으로 인해 어떤 결과가 벌어질지 자세히 말한 다음, 그것으로 인한 자신의 감정을 솔직하게 말하는 것이죠. 바로 이렇게요.

"네가 지금 등교 준비를 하지 않고 책만 보고 있으면, 등교 시간에 늦을 것 같아. 그러면 엄마와 아빠는 너에게 화가 날 것 같아."

여기에 더해서 구체적인 행동 변화를 요구할 수도 있습니다.

"그러니 지금 빨리 세수하고 옷을 입은 다음, 가방을 챙기고 밥을 먹자."

고든의 '나-전달법'은 미국뿐 아니라 전 세계로 퍼져 나갔습니다. 그 결과 주어만 바꾸어도 불필요한 갈등이 줄어든다는 사실을 많은 이들이 알게 되었습니다.

그뿐만 아니라 PET와 비슷한 시기에 만들어진 비폭력 대화Nonviolent Communication, NVC에서도 '나-전달법'은 대화의 가장 기본적인 틀이라고 할 수 있습니다.

그래서일까요? 어떤 분들은 '나-전달법'이 모든 소통 문제를 해결하는 만능열쇠라고 생각하곤 합니다. 하지만 과연 그럴까요.

어느 날, 성수 씨가 집단상담에 참여했습니다. 결혼 3년 차에 접어드는 성수 씨는 아내와의 갈등이 심했습니다. 부부 갈등 때문에 힘들면 보통은 아내가 상담을 찾는 경우가 많기에, 참가자들은 남편이 상담받으러 오다니 참 섬세하다며 칭찬해 주었습니다. 그런데 문제는 성수 씨가 부부 갈등의 원인을 정확히 알지 못한다는 것이었습니다.

성수 씨는 아내가 자신의 대화 방식에 화를 냈다고 했습니다. 그래서 저는 그에게 상대를 비난하는 공격적인 말투가 있지는 않은지 살폈습니다. 보통 그런 경우가 많으니까요. 그런데 성수 씨는 정반대였습니다. 원체 싸움과 갈등을 싫어하는 성격인 데다, 한때 비폭력 대화에 관한 강의를 들은 후 절대로 상대를 비난하지 않고 '나-전달법'만을 사용해서 말한다고 했습니다.

정말로 성수 씨는 '나-전달법'의 달인이었습니다. 언제나 차분하게 "저는 이렇게 생각해요"라면서 말을 시작했고, 집단상담 중 흔히 발생하는 갈등 상황에서도 침착함을 유지하며 갈등을 중재하려고 했죠. 그러던 어느 날 이를 두고 어떤 참가자가 성수 씨를 심하게 비난했습니다.

"아니, 지금 왜 그런 말투와 태도를 유지하는 거예요? 내가 저 참가자와 싸우는 게 우스워 보여요? 애들 장난 같아요? 저는 지금 저 사람에게 너무 화가 나서 미치겠는데, 본인만 그렇게 차분하게 굴면 다예요?"

순간 성수 씨는 긴장한 모습이 역력했습니다. 보통은 이런 얼토당토않은 비난을 받으면 화가 나서, 상대방과 맞서 싸울 법도 한 상황이었죠. 그러나 성수 씨는 다시 차분하게 말을 이어갔습니다.

"저는 이 이야기를 들으니 너무 속상하고 당황스러워서 어쩔 줄을 모르겠어요. 저는 당신을 화나게 하려는 의도가 아니었거든요. 그래도 제 모습을 보고 화가 나셨다니, 저는 그 마음을 이해해 보고 싶어요. 저에게 있는 소통의 문제를 꼭 고치고 싶거든요."

성수 씨의 말은 아주 차분했지만, 참가자들의 분위기는 어쩐지 이상해졌습니다. 저 역시 위화감을 느낄 수 있었죠. 모든 문장을 '나-전달법'으로 아주 차분하게 말하고 있는데, 그 모습이 아주 기묘해 보였습니다. 왜냐하면 한쪽이 화를 내면서 공격하고 있는데, 다른 한쪽은 너무 차분하게 말하고 있었으니까요. 특히 성수 씨를 비난했던 참가자는 이렇게 말했습니다.

"와, 대단하시네요. 제가 이렇게 언성을 높이는데도 끝까지 차분함을 유지하시는군요. 지금 저 혼자 이상한 사람이 된 느낌이에요. '그게 그렇게 화낼 일이야? 나는 아무렇지도 않은데?' 뭐 그런 거잖아요. 성수 씨 아내가 어떤 마음인지 알 것 같아요."

이 이야기를 듣고 성수 씨는 충격을 받은 것처럼 보였습니다. 왜냐하면 대화의 만능열쇠라고 생각했던 '나-전달법'이 오히려 대화와 소통을 방해할 수도 있다는 것을 확인했기 때문입니다.

오해하지 않으셨으면 좋겠는데, 저는 '나-전달법'이 나쁘다고 생각하지 않습니다. 잘 사용하기만 하면 좋은 효과를 볼 수 있죠. 다만 문화의 차이를 고려하지 않았기 때문에 이런 문제가 생겼다고 봅니다.

PET나 NVC를 비롯해 인간관계나 대화, 소통을 주제로 하는 다양한 프로그램은 거의 서양에서 시작되었습니다. 서양은 기본적으로 나와 너의 구분이 분명한 개인주의 문화죠. 또한 이들 문화권의 언어는 문장 속에 주어가 반드시 존재합니다. 영어의 경우 마땅한 주어를 찾기 어려울 때는 비인칭 주어(it)라도 사용해야 문장이 완성됩니다.

이로 인해 서양에서는 주어가 누구인지에 따라 말의 의도와 목적이 분명하게 구분됩니다. 주어를 '너'로 할 경우 상대를 평가하거나 비난하는 어조가 되고, 주어를 '나'로 하면 상대와는 무관하게 자신의 마음을 드러내는 식이죠.

하지만 우리나라는 집단주의 문화로 인해 '나'와 '우리'의 구분이 구분이 모호합니다. 그뿐만 아니라 주어 생략도 흔하게 일어나죠. 그렇기 때문에 말을 할 때마다 '나는~'이라고 말하는 것이 경우에 따라 이상하고 어색하게 느껴질 수 있습니다. 특히나 갈등 상황에서는 상대와의 차이를 강조하는 의미로도 느껴질 수 있죠.

제가 아내와의 갈등에서 "난 당신이랑 잘 지내고 싶어. 당신을 비난하고 싶지도 않고, 나도 당신한테 비난받고 싶지 않아"라고 말했을 때, 아내는 다행히 제 말을 잘 들어주었습니다. 하지만 아내가 제 말을 정반대로 받아들였다면 어땠을까요. 아마 간접적인 핀잔이라고 느꼈을지도 모릅니다. 그러면 아내는 이렇게 받아쳤겠죠.

> "그래, '너는' 나랑 잘 지내고 싶다고? 그러면 나는? '나는' 너랑 싸우고 싶어 한다는 거야? '너는' 날 비난하고 싶지 않다고? 그러면 '나는' 널 비난하고 싶어 한다는 거야?"

평소에 주어를 생략하고 대화하던 사람이 갈등 상황에서 자꾸 '나'라고 언급하면 이런 오해가 생길 수 있습니다. 우리나라에서 '나' 주어를 효과적으로 사용하기 위해선 이런 문화적 특징을 고려해야 합니다. 기계적으로 주어만 바꿔서는 해결될 일이 아니라는 거죠. 아무리 좋은 말하기 전략도, 상대가 제대로 들을 준비가 되어 있지 않다면 무용지물입니다.

말은
입으로만 하는 것이 아니다

하루는 어느 기관의 의뢰를 받아 지역 주민들을 대상으로 대화법 강의를 하던 중이었습니다. 자리를 채워 주신 청중들에게 말이 아닌 마음을 듣고 말해야 한다면서 열강을 하고 있었죠. 강의가 끝나갈 무렵이 되어 질의응답 시간을 갖자고 했더니, 어떤 남성분이 기다렸다는 듯이 손을 들고 말씀을 하셨습니다.

그분은 자신이 대화법에 관심이 많은 사람이라고 소개하셨죠. 어린 시절 부모님과 학교 선생님을 비롯해 주변 사람들의 말 때문에 상처를 많이 받은 탓에, 자신은 절대로 다른 사람에게 상처 주는 말을 하지 않아야겠다고 결심했답니다. 결혼 전까지만 해도 이 결심이 잘 지켜졌지만, 결혼 후 아이를 낳고 기르다 보니 어느 순간 자신도 가족에게 말로 상처를 주고 있더랍니다. 그런 자기 모습에 큰 충격을 받은 후, 새사람이 되고 싶어 대화법 관련 책과 강의를 찾아다니기 시작했다고 하셨습니다.

"그런데요 선생님, 책이나 강의에서 배운 대화법을 아내나 아이들에게 활용해보려고 했는데 잘 안되더라고요. 도대체 뭐가 문제인지 모르겠습니다."

이분의 이야기를 듣고 그 자리에 있던 수강생 대부분이 고개를 끄덕였습니다. 마치 자신들이 하고 싶었던 질문을 대신해 준 것처럼 속 시원하다는 표정을 짓는 분들도 계셨습니다. 그래서 저는 구체적인 예를 들어 달라고 부탁을 드렸습니다.

"작년에 있었던 일인데요, 중학생인 큰아들이 사춘기라서 그런지, 저와 아내에게 계속 말을 퉁명스럽게 하면서 짜증을 내더라고요. 그래서 몇 번을 참다가 한 번 버릇을 고쳐 놓아야 겠다고 생각해서 화를 크게 냈죠. 그런데 아이도 지지 않고 자기가 뭘 잘못했느냐며 대들더라고요. 그때 제가 감정을 주체하지 못해서 아이를 벽으로 밀치고 때리려고 했습니다. 다행히 아내가 말려서 때리지는 않았지만, 아이는 그 일로 많이 놀라고 무서웠는지 저를 피하더라고요. 며칠 후 아내는 아이에게 사과하라고 권했고, 저도 그래야겠다고 생각해서 아이에게 사과했어요. 대화법 책이나 강의에서 배운 대로 했어요. 그런데도 대화가 잘 안되더라고요."

"그때 어떻게 사과를 하셨는지, 저를 아들이라 생각하시고 저에게 해주실 수 있으시겠어요?"

연단에 서 있던 저는 그분 앞으로 갔습니다. 그리고 그분이 어색함과 쑥스러움을 이겨내고, 당시에 아들에게 했던 사과를 재연하실 수 있도록 북돋아 드렸죠. 많은 사람이 쳐다보고 있었지만, 그분은 용기를 내서 그때 상황을 재현했습니다.

"아들, 지난번에는 아빠가 미안했어. 아빠가 그동안 네 말투나 행동 때문에 화가 많이 났지만, 계속 참고 있었거든. 그랬는데 그날은 못 참고 너한테 폭발했잖아. 그러려는 의도는 아니었는데, 미안해. 아빠가 너무 심하게 했던 것 같아. 그러니 너도 앞으로는 예의 바르게 행동하면 좋겠어."

저는 이분의 사과를 들으면서 여러 마음이 들었습니다. 우선 자녀에게 사과했다는 것 자체는 멋있어 보였습니다. 부모의 입장에서 자녀에게 사과하는 일은 쉽지 않음을 알기 때문이죠. 하지만 한편으로는 불편한 마음도 있었습니다. 사과라고는 하셨지만, 하신 말을 따져 보면 "계속 참고 있었다", "그러려는 의도는 아니었다"라며 본인 입장을 변명하고, "앞으로는 예의 바르게 행동해라"라며 아이의 잘못을 타일렀으니까요. 이런 사족 때문인지, 마치 마지못해 하는 사과처럼 들리기도 했습니다.

더 중요한 문제는 말하는 태도였습니다. 사람들은 대화와 소통을 생각했을 때는 언어적 표현만을 생각합니다. 대화법 강의와 책에서도 어떤 언어를 사용해야 하는지 주로 설명하죠. 물론 언어적 소통도 중요합니다.

그런데 같은 말을 하더라도, 어떤 태도로 하느냐에 따라 효과적으로 전달되기도 하고 그렇지 않기도 합니다. 이를 가리켜 비언어적 소통이라고 합니다.

비언어적 소통이란 구체적으로 말하는 사람의 감정 상태, 목소리의 톤과 억양, 표정, 몸의 자세 등을 말합니다. 한마디로 말하는 태도라고 할 수 있죠. 같은 말을 하더라도, 어떤 태도가 어떤지에 따라 전혀 다르게 전달됩니다.

무엇이 다른지 확실히 하기 위해 극단적인 두 경우를 비교해 보죠. 부모가 자녀에게 사과할 때, 정말 미안한 마음에 진심으로 사과하는 경우와 마지못해 억지로 사과하는 경우를 생각해 봅시다. 두 경우의 사과에서는 어떤 식으로 비언어적 소통이 이루어질까요? 전자의 경우라면 미안함을 표현하기 위해 부드러운 목소리, 안타까운 표정, 그리고 낮은 자세로 말하겠죠. 그러나 후자의 경우라면 별로 내키지 않는다는 듯 까칠한 목소리, 약간 화난 표정, 그리고 고압적인 자세로 말할 것입니다. 이분의 태도는 후자에 가까웠습니다.

저는 질문하신 분과 다른 학습자들에게 비언어적

소통의 중요성을 설명해 드렸습니다. 아무리 좋은 말을 하더라도, 말하는 사람의 태도가 뒷받침되지 않으면 진심은 전달되지 않는다고 말이죠. 그렇게 말하자, 그분이 다시 입을 열었습니다.

"선생님 말씀을 들어보니 문제가 무엇인지 알았습니다. 그동안 언어적 소통에만 집중했던 것 같아요. 그러면 도대체 비언어적 소통은 어떻게 해야 하나요? 어떻게 연습할 수 있죠?"

저는 이분의 질문이 반가우면서도 한편으로는 속 시원하게 답해드릴 수 없어서 안타까웠습니다. 왜냐하면 비언어적 소통은 너무 다양해서 구체적으로 알려드릴 수 없기 때문이죠. 그래서 대화법 책이나 강의에서도 별로 다루지 않는 것입니다. 개인마다, 상황마다, 또 대화의 상대마다 모두 달라야 하니까요.

그러나 비언어적 소통을 어떻게 배울 수 있는지 대략적인 방향은 알려드릴 수 있습니다. 그 방향이라 함은, 사람들과 관계를 맺으면서 그 마음에 공감하는 것입니다.

공감이란 타인의 마음에 관심을 기울이고 그들의 마음에 머무르는 것이죠. 선불리 상대를 판단하거나 가르치고 바꾸려고 하지 않는 자세입니다. 그리고 나와 갈등이 있었던 사람의 이야기를 들으면서도 나를 변호하거나 방어하려고 하지 않고, 온전히 상대의 처지에 내 마음을 머무르게 하는 것입니다. 그렇게 하다 보면 자연스럽게 상대와 나의 마음이 연결되는 경험을 할 수 있고, 그것이 신체로도 나타나게 되죠.

"그러면 선생님, 아들에게 제대로 사과하기 위해서는 제 입장을 설명하는 대신 아들의 이야기를 듣고 그 처지에 공감하라는 것이죠?"

"네, 맞습니다. 우선 아들이 얼마나 무섭고 억울하고 화가 났는지를 이야기해달라 하고, 묵묵히 들어보세요. 아들의 감정이 정확히 느껴지기 전까지 어설픈 사과나 변명, 행동의 교정에 대해서 말하지 않으셔야 합니다. 정말로 아들의 감정에 공감하게 되면, 그에 걸맞은 비언어적 소통이 자연스레 나오게 됩니다. 가족이니까요."

"그동안 읽고 들었던 수많은 대화법 책과 강의를 통해서도 풀리지 않았던 의문이 해결됐습니다. 감사합니다. 이제 제가 다시 아들과 마주할 일만 남았네요."

비언어적 소통은 좋은 대화를 위한 마지막 단계라고 할 수 있습니다. 제아무리 좋은 언어적 소통을 한다고 하더라도, 그에 걸맞은 비언어적 소통이 뒷받침되지 않으면 마음은 제대로 전달되지 못합니다. 비언어적 소통을 배우고 익히시려면 많은 사람과의 관계 속에 직접 들어가 계속 마음을 나누는 대화를 하면서, 상대방의 마음에 공감하는 경험을 하셔야 합니다.

가장 멋진 말은 상대가 알아듣는 말이다

사람들은 대화할 때 본인 입장에서 듣고, 본인 입장에서 말합니다. 너무나 당연한 소리처럼 들리시나요? 물론 이런 경우가 많기야 하겠죠. 그러나 일반적인 것이 늘 옳은 것은 아닙니다. 이런 식으로 대화하면 소통이 아니라 불통, 대화가 아니라 독백만 하게 될 가능성이 높습니다.

좋은 대화를 위해서는 상대방의 입장에선 어떻게 들릴지 생각하며 말을 해야 합니다. 즉 상대가 알아듣게 말해야 한다는 것이죠. 마치 외국에 여행을 갔을 때 원활하게 소통하려면 현지의 언어를 써야 하는 것처럼 말입니다. 현지 언어를 모른다고 해서 다짜고짜 한국말을 한다면, 대화가 될까요? 상대가 알아듣게 말해야 한다는 규칙은 비단 외국에서만 통하는 게 아닙니다. 같은 한국어를 사용하는 사람들끼리도 마찬가지죠.

신리상담을 받으러 오시는 분 중에는 부모의 말에 상처받았다며 하소연하는 분들이 많습니다. 대학을 졸업하고 아르바이트를 하면서 취업 준비를 하고 있던 미현 씨도 그랬죠. 어느 날 집단상담에 참여하던 미현 씨의 표정이 좋지 않았습니다. 평소 생글생글 잘 웃던 미현 씨였기에, 다른 참가자들이 무슨 일이 있냐고 물었습니다. 그러자 미현 씨는 이야기를 시작하기도 전에 울음을 터뜨렸죠. 어느 정도 울음이 잦아들고 난 뒤, 미현 씨가 이야기를 시작했습니다.

듣자 하니 미현 씨의 고민은 열심히 살아가는 이 시대 청년들이라면 누구라도 할 법한 고민이었습니다. 친한 친구들은 대학을 졸업하고 열심히 하나둘 회사 생활을 시작하는데, 자신은 생활비를 벌기 위해 아르바이트도 하랴, 취업 준비도 하랴 너무 힘들다는 고민이었거든요. 미현 씨는 이러한 고민을 가장 가까운 어른이었던 어머니에게 털어놓으며 위로받고 싶었다고 털어놓았습니다. 하지만 그녀에겐 어머니에게 자신의 고민을 속 시원히 이야기할 수 없는 사정이 있었습니다. 그 이유는 미현 씨의 어머니가 이미 너무 큰 고생을 하고 있기 때문이었습니다.

미현 씨의 어머니는 딸이 초등학생일 때 남편과 이혼한 뒤, 혼자 장사를 하면서 딸을 키웠습니다. 공부를 꽤 잘했던 미현 씨를 서울에 있는 대학으로 보내면서, 등록금과 생활비를 대주느라 힘든 상황이었죠. 이런 어머니에게 힘들다고 하소연까지 하기엔 미현 씨도 불편했겠죠.

저는 미현 씨의 이야기를 듣고 조언해 주었습니다. 어머니에게 힘들다는 말을 못 하겠다는 마음도 이해는 되지만, 한편으로 미현 씨는 아직 어머니에게 의지해도 괜찮은 나이라고요. 또한 어머니도 미현 씨가 열심히 노력하는 걸 누구보다 잘 알고 있을 테니, 어머니와 이야기해보라고 권했습니다. 상담 참가자들도 미현 씨를 격려했고, 다음 상담 전까지 어머니에게 힘든 상황을 털어놓은 후 위로받고 오라는 숙제를 내주었죠.

그런데 다음 주 미현 씨는 여전히 표정이 좋지 않았습니다. 사정을 물어보니 어머니에게 전화를 걸어서 이야기를 하긴 했지만, 어머니가 보인 반응 때문에 더 상처받았다는 것이었습니다. 그래서 저는 어떤 대화가 오갔느냐고 물었죠. 미현 씨는 어머니와의 통화 내용을 이야기해주었습니다.

"여보세요. 엄마, 나야."

"어, 왜? 돈 필요해?"

전화를 받자마자 돈이 필요하냐는 어머니의 말에 미현 씨는 너무 화가 났다고 합니다.

"아니, 엄마. 내가 엄마한테 돈 필요해야 전화하는 사람이야?"

"아니, 얘가 왜 이래. 평소 연락도 없다가 전화를 했으니, 돈이 필요한가 싶어서 그랬지!"

어머니도 당황스러웠는지 언성이 높아졌고, 결국 몇

마디를 나누다가 미현 씨는 더 큰 싸움으로 번질 것 같아서 전화를 끊고 싶었다고 했습니다. 하지만 집단상담에서 배운 대로 차분히 이야기해보자는 생각이 들었고, 어머니도 이런 딸의 마음을 알아차렸는지 언성을 낮추고 묻더랍니다.

"그럼 왜 전화한 거야? 무슨 일 있어?"

"특별한 일이 있는 것은 아닌데… 나 요즘 힘들어서…."

미현 씨는 어머니에게 힘들다는 이야기를 한 게 난생처음이었다고 합니다. 어린 시절부터 혼자 생계를 유지하느라 고생하는 어머니가 고맙고 불쌍해서 자신의 이야기를 털어놓지 못했던 거지요. 그랬던 미현 씨가 이렇게 자신의 감정을 솔직히 이야기하다니 얼마나 대단한가요! 하지만 어머니는 전혀 예상외의 반응을 보였습니다.

"미현아, 너만 힘든 거 아니야, 엄마도 힘들어. 원래 인생이 그런 거야."

미현 씨는 어머니에게 위로와 공감을 받고 싶었지만, 어머니로부터 돌아온 것은 인생에 대한 뻔한 훈계였습니다. 더 나아가 미현 씨는 어머니의 이 말이 자신의 입을 틀어막는 재갈처럼 느껴졌다고 합니다. 너무 화가 난 미현 씨는 일방적으로 전화를 끊고 엉엉 울었다고 합니다.

저는 미현 씨 이야기를 들으면서 딸의 입장도, 어머니의 입장도 이해됐습니다. 어머니로서는 그리 넉넉하지 않은 형편으로 서울에서 혼자 지내는 딸이 늘 걱정되었을 테니까요. 한편 미현 씨 입장에서는 어머니가 대뜸 돈 이야기부터 하니 마치 자신이 속물이 된 것처럼 느껴져서 화가 났겠죠. 또 힘든 딸의 마음을 위로하려던 어머니의 마음과 달리, 딸은 어머니가 자신의 힘듦을 무시하고 인정하지 않으려는 것처럼 느껴져서 속이 상했을 것 같았습니다.

이처럼 듣는 상대의 입장을 고려하지 않고 말해서 서로에게 말로 상처를 주고받는 경우는 비일비재합니다. 특히 부모와 자식 사이에서 흔하죠. 부모로서는 자녀를 사랑하는 마음으로 하는 말이지만, 그것들은 대개 자녀로서는 듣기 싫어할 말들이죠. "살 좀 빼라", "옷 예쁘게 입어라", "말을 곱게 해라", "처신을 잘해라" 등 각종 잔소리는 따지고 보면 자식을 사랑하는 마음에서 한 말입니다. 그러나 자녀에게 그런 마음이 들릴 리 가요.

그런데 자신의 입장에서만 말하는 것은 부모만이 아닙니다. 자녀들도 이런 말을 들으면 왜 나한테 잔소리냐, 신경 쓰지 마라, 내 인생은 내가 알아서 한다며 반항만 하죠. 잔소리 때문에 힘든 마음을 부모가 알아듣게 전해야 하는데, 그렇게 하지 못합니다. 부모도 억울하고 화가 날 수밖에요. 그래서 저는 상담실에서 이런 부모와 자녀들을 만나면 제발 상대방이 알아듣게 말하자고 설득하고 그 방법을 알려줍니다.

미현 씨에게도 그랬습니다. 어머니로서는 딸의 갑작스러운 전화가 반가우면서도 한편으로는 걱정이 되지 않았겠냐면서, 어머니 입장을 설명했습니다. 그리고 너만 그런 것이 아니라는 말도 어머니 입장에서는 위로의 표현일 수 있다고 말했습니다. 적어도 어머니에게는 '나만 힘든 것이 아니라 다들 힘들구나'라는 깨달음이 위로가 되었을 수도 있으니까요. 그러면서 어머니가 미현 씨의 마음을 잘 받아줄 수 있도록 다시 전화해보자고 했죠. 미현 씨는 어떻게 말하면 좋겠냐고 물었습니다.

"먼저 어머니 입장에서 잘 이해할 수 있도록 말하는 게 필요해요. 그러니 갑자기 전화하지 말고 먼저 어머니에게 '엄마, 하고 싶은 이야기가 있으니, 통화 가능할 때 연락 주세요'라고 문자를 보내는 거예요. 그리고 어머니께 전화가 오면 본격적으로 용건을 말하기 전에 설명부터 하세요. '엄마, 요즘 내 상황을 이야기하고 싶어서 전화했어요. 사실 나 요즘 많이 힘들다는 하소연을 하고 싶은데, 내 힘듦을 무시하는 것이 아니라면 끝까지 다 듣고 그다음에 엄마 이야기를 해주세요'라고요."

이처럼 좋은 대화를 위해서는 내가 하고 싶은 말을 하는 것보다 이것을 상대가 알아듣게 전달하는 것이 더 중요합니다. 그리고 이를 위해서는 상대에 대한 이해가 필요합니다. 상대가 어떤 삶을 살아왔고, 어떤 관계를 맺어왔는지 알아야 합니다. 그래야 소통에서 오해를 최소화할 수 있죠. 자신이 들었을 때 좋은 말이더라도, 상대에게는 불편한 말이 될 수 있으니까요.

그리고 말하는 동안 종종 상대가 제대로 이해했는지, 혹은 기분 나쁘진 않은지 물어봐야 합니다. 그게 아니라면 미현 씨에게 전달했던 것처럼 처음부터 자신의 의도를 정확하게 전달하는 것도 좋은 방법이 될 수 있습니다.

하고 싶은 말이 아니라 필요한 말을 하자

지금은 훌쩍 다 커서 저에게 놀아달라고 하지 않지만, 초등학교 저학년까지만 해도 두 아들은 저에게 끊임없이 놀아달라고 했습니다. 특히 두 아들은 오목이나 체스 같은 1:1 전략 보드게임을 해 달라고 조르곤 했죠. 하지만 승리는 언제나 저의 것이었습니다.

아들들은 왜 저를 이길 수 없었을까요? 체스 같은 게임에서 승리하려면, 상대의 전략을 예측해야 합니다. 그런데 두 아들은 저의 반응을 예측하지 못하고, 그저 자신이 어떻게 하고 싶은지만 생각했습니다. 반면 저는 아들의 수를 보면서 그 이후 몇 수를 계산했고, 전략적으로 움직였죠. 그러니 당연히 아들들은 저를 이길 수 없었습니다. 물론 가끔은 두 아들의 기를 살려 주기 위해 일부러 져 주기도 했는데요. 이때도 저는 몇 수 앞을 계산해야만 했습니다. 아무 생각 없이 게임을 하다가는 제가 이길 수도 있으니까요.

상대의 반응을 예측하는 것은 우리 삶에서 매우 필요한 능력입니다. 비단 상대를 게임에서 이기기 위해서만은 아니죠. 저는 대중 강의를 준비할 때도 제 설명에 대한 청중의 반응을 예상합니다. 그리고 여러 시나리오를 짜보곤 하죠. 상담할 때도 마찬가지입니다. 개인상담이건 집단상담이건 제 말에 상대가 어떻게 반응할지 생각하고, 그 반응에 대해 저는 어떻게 반응할지 여러 가능성을 염두에 둡니다.

대화도 제대로 하려면 이런 노력과 준비가 필요합니다. 연인이나 배우자, 가족과 친구, 선후배나 직장 동료 등 누구와의 대화라도 마찬가지죠. 타인과 대화가 안 통한다고 말하는 사람들은 대부분 상대를 탓하고 싶어 하지만, 제 입장에서는 '정작 본인도 대화의 전략이 없었던 것은 아닌가'하는 생각이 듭니다. 둘 중 누구 하나라도 전략이 있으면 어느 정도 대화가 가능할 테니까요.

하지만 승리를 추구하는 게임과 달리 대화의 전략은 소통을 위해 세워야 합니다. 토론이나 협상, 항의 같은 경우는 내 주장을 관철해야 하므로 이기는 게 목적이라고 할 수도 있지만, 정서적으로 가까운 사람과 마음을 주고받는 대화에서는 이기고 지는 것이 의미가 없죠. 대화의 목적은 소통하는 것이니까요. 상대의 마음을 전달받고, 내 마음을 전달하는 것. 이것을 위해서도 상대의 반응을 예측하면서 말하는 것은 중요합니다.

앞에서 말씀드린 대로 미현 씨는 먼저 어머니에게 문자를 보낸 후, 전화가 걸려 오면 가장 먼저 어머니에게 끝까지 들어 달라고 부탁하겠다고 다짐했습니다. 그 순간 제 머리를 스치고 지나가는 걱정이 있었습니다. 미현 씨가 자신이 최근 겪고 있는 심적 어려움을 털어놓은 뒤, 어머니가 저번처럼 섭섭한 대답을 할 수도 있었으니까요. 그래서 저는 미현 씨에게 물었습니다.

"어머니가 미현 씨 이야기를 다 들은 다음에는 뭐라고 할 것 같으세요?"

"네? 글쎄요. 그냥 어머니가 하고 싶은 이야기를 하시겠죠. 왜요?"

"어머니는 또 뻔한 훈계나 조언을 하실 수도 있어요. 그럼 미현 씨는 또 어머니가 자신의 힘듦을 알아주지 못한다고 화가 나지 않겠어요?"

"정말 그렇겠네요. 저희 어머니는 제게 위로나 공감의 말은 해주신 적이 별로 없거든요. 그런데 그냥 제 할 이야기만 하면 안 되나요? 제 말은, 힘들어서 하소연하는 거라고 미리 밝혔잖아요. 그런데도 굳이 어머니가 어떤 반응을 할지까지 생각해서 말해야 해요?"

"미현 씨, 우리 상담 모임에서는 그냥 생각나는 대로 말해도 괜찮지만, 이번 대화는 목적이 있잖아요. 미현 씨가 어머니에게 힘든 이야기를 하고 위로받고 싶잖아요. 이럴 경우는 상대방의 반응을 예상하면서, 어떻게 말할지 고민해야 해요."

지금까지 한 번도 위로나 공감의 말을 해준 적 없는 어머니에게, 자신의 힘든 마음을 털어놓아 보려는 딸의 노력이 가상하기는 했습니다. 그러나 그냥 이렇게 아무런 대책 없이 대화하게 했다가 미현 씨가 어머니 말에 더 큰 상처를 받을지도 모르는 일이었죠. 그래서 미현 씨에게 물었습니다.

"미현 씨는 힘든 이야기를 다 하고 나서 어머니로부터 어떤 위로나 공감의 말을 듣고 싶어요?"

"글쎄요. 잘 모르겠어요. 어머니가 저를 공감하고 위로하면 알아서 말씀해 주시지 않을까요?"

"그렇지 않을 수도 있어요. 보통 억척스럽게 살아오신 분들은 스스로에게 그러하듯, 가까운 사람들에게도 엄격하게 대하시거든요. 그래서 미현 씨 이야기를 듣고도 위로와 공감은커녕 잔소리나 훈계를 더 들을 수도 있어요. 그래서 저는 미현 씨가 듣고 싶은 말을 미리 생각해서 어머니에게 '나를 위로하고 싶다면 이렇게 말해달라'라고 부탁하면 좋겠어요."

자식을 사랑하지만, 사랑의 마음을 어떻게 전할지 모르는 부모들이 많습니다. 그래서 저는 종종 자식들에게 듣고 싶은 말을 부모의 입에 넣어주라고 권하죠. 자식을 사랑하는 부모들도 정작 어떤 말을 해야 할지 모르겠다고 하소연하는 경우가 많거든요. 이럴 때 가장 좋은 방법은 내가 해주고 싶은 말을 하기보다는, 상대가 듣고 싶다는 말을 해주는 것이죠. 그러자 미현 씨는 고개를 갸우뚱했습니다.

"그건 엎드려 절 받기잖아요. 제가 부탁하는 말을 어머니가 해주는 것이 무슨 진심이겠어요?"
"그렇지 않아요. 지금 생판 모르는 사람에게 부탁하는 것이 아니잖아요. 딸을 위해 밤낮 쉬지 않고 일하는 어머니에게 부탁하는 거잖아요. 단지 어머니가 또 무심한 말로 미현 씨에게 상처를 줄 수 있으니, 어머니가 사랑하는 딸에게 상처를 주지 않도록 도와 드리자는 것이에요. 이게 어떻게 엎드려 절 받기인가요?"

미현 씨는 잠시 생각해 보더니, "정말 그렇겠네요"라고 대답했습니다. 그러면서 미현 씨는 과거에 있었던 일을 이야기해 주었습니다. 모처럼 어머니랑 속 깊은 이야기를 한 적이 있는데, 그때 어머니는 '나도 어린 시절부터 부모 사랑을 못 받고 자라서 그런지, 따뜻한 위로의 말이 잘 나오지 않는다'면서 미안하다고 하셨답니다. 미현 씨는 자신이 이런 어머니의 마음을 잊고 있었으며, 그저 퉁명스럽게 말하는 어머니가 밉기만 했다면서 부끄럽다고 고백했죠. 미현 씨가 어머니에게 듣고 싶은 말은 이랬습니다.

"그래, 우리 딸 많이 힘들지? 엄마가 우리 딸 많이 사랑해. 우리 같이 힘내자."

이 말을 하면서 미현 씨는 울음을 터뜨렸습니다. 그리고 저도, 다른 참가자들도 함께 울었죠.

그다음 주, 미현 씨는 좋은 소식을 들려주었습니다. 제가 알려준 방법대로 어머니와 이야기를 나누었고, 자신의 힘든 속내를 털어놓았다고 했습니다. 그러자 어머니도 조금씩 진심에서 우러나온 위로를 건네기 시작했다네요. 결국 두 모녀는 그날 밤 전화를 붙잡고 펑펑 울었다고 해요.

이처럼 대화에도 계획은 매우 중요합니다. 물론 세상만사 다 계획대로 흘러가지는 않습니다. 모든 계획이 원하는 대로 이루어지지도 않죠. 그렇다고 무계획으로 일관할 수는 없습니다. 100% 지켜지진 않더라도, 언제나 나름의 계획과 전략은 필요합니다. 내 행동에 따른 결과가 어떨지 예측하는 것이 필요하죠. 대화도 마찬가지입니다. 그저 내 말만 내뱉고 마는 것은 무책임한 독백입니다. 그 대신, 내가 건넨 말에 상대가 어떻게 반응할지 생각해 보는 과정이 필요합니다. 내가 상대에게 공감할 수 있게, 또 상대도 나에게 공감할 수 있게 말이에요. 이런 사실을 잘 기억한다면, 여러분의 대화는 언제나 따스할 것입니다.

대화에 서툰 게 아니라 감정에 서툰 겁니다

초판 1쇄 발행 2024년 2월 5일
초판 2쇄 발행 2024년 5월 27일

지은이 강현식
펴낸이 이부연
총괄디렉터 백운호
책임편집 유인엄
표지디자인 이유나

펴낸곳 (주)스몰빅미디어
출판등록 제300-2015-157호(2015년 10월 19일)
주소 서울시 종로구 내수동 새문안로3길 30, 대우빌딩 916호
전화번호 02-722-2260
인쇄·제본 갑우문화사
용지 신광지류유통

ISBN 979-11-91731-59-0(03180)